BUDA NA MOCHILA

Franz Metcalf

BUDA NA MOCHILA

Budismo prático para jovens

Tradução
MAGALI B. PINHEIRO

Ilustrações
MONGE SONG YOON

EDITORA PENSAMENTO
São Paulo

Título original: *Buddha in Your Backpack: Everyday Buddhism for Teens.*

Publicado originalmente por Ulysses Press, Berkeley, Califórnia.

Ilustrações internas do Venerável Monge Song Yoon.

Dados Internacionais de Catalogação na Publicação (CIP)
(Câmara Brasileira do Livro, SP, Brasil)

Metcalf, Franz
Buda na mochila : budismo prático para jovens / Franz Metcalf ; tradução Magali B. Pinheiro ; ilustrações Song Yoon. — São Paulo : Pensamento, 2005.

Título original: Buddha in your backpack.
ISBN 85-315-1390-1

1. Adolescentes — Vida religiosa — Budismo 2. Budismo — Doutrinas 3. Vida espiritual I. Yoon, Song. II. Título.

05-2355 CDD-294.30835

Índices para catálogo sistemático:

1. Budismo para adolescentes : Religião 294.30835

O primeiro número à esquerda indica a edição, ou reedição, desta obra. A primeira dezena à direita indica o ano em que esta edição, ou reedição, foi publicada.

Edição	Ano
1-2-3-4-5-6-7-8-9-10-11	05-06-07-08-09-10-11

Direitos de tradução para a língua portuguesa
adquiridos com exclusividade pela
EDITORA PENSAMENTO-CULTRIX LTDA.
Rua Dr. Mário Vicente, 368 — 04270-000 — São Paulo, SP
Fone: 6166-9000 — Fax: 6166-9008
E-mail: pensamento@cultrix.com.br
http://www.pensamento-cultrix.com.br
que se reserva a propriedade literária desta tradução.

Impresso em nossas oficinas gráficas.

SUMÁRIO

Agradecimentos

Num trabalho como este, um escritor precisa de muita ajuda. E eu recebi essa ajuda.

Toda a equipe da Ulysses/Seastone foi mobilizada durante a elaboração deste livro (começando com o título — obrigada, Lynette!), e todos foram de vital importância. Meus agradecimentos especiais ao "meu" estagiário, David Archer, e ao "meu" editor, Richard Harris, que leram os originais com atenção e imparcialidade. Agradeço também a Susan Burig, que contribui com a parte pela qual não se espera que julguemos um livro. Por fim, meu mais profundo respeito aos artistas budistas Song Yoon Sunim e Brian Barry. O monge Song Yoon Sunim foi responsável pela arte penetrante apresentada neste livro; e foi Barry, professor de dharma, que a trouxe até nós. Vocês são absolutamente maravilhosos.

Muitas pessoas sábias leram os originais, além daquelas que tinham a obrigação de fazê-lo. Sou sinceramente grato a Claire Gilpin, a Andy Howk, a Keith Riegert, a Leslie Henriques, ao professor Dan Capper e a Nina Ruscio. Este livro ficou muito melhor com a ajuda de vocês!

Agradeço a todos os que ajudaram a tornar este livro acessível aos adolescentes. A Carmi Rodriguez, a Celinda Pearson, a Roger Ipswitch, a Allan Light e aos alunos da Escola Politécnica, que me deram as primeiras orientações; e a Bridge Fonger, que me abriu as portas. A Leon Martell e a seus alunos da Culver Academy, que me brindaram com sua companhia divertida e com ótimas idéias. A Noriaki Ito e ao Occidental College Meditation Group, sobretudo a Ty Thompson e Eddie Chaidez pelos sábios conselhos e pelas boas histórias. A Rinban Ito (novamente) e a Janet Ito do Higashi Honganji Temple, de Los Angeles, por me apresentarem aos jovens budistas que tanto me auxiliaram. A Zachary e a Emma Seward, meus primeiros intérpretes culturais. A Alice e a Keith Riegert, por serem duplamente colaboradores: adolescentes e especialistas em editoração. Sua crítica e seu apoio foram inestimáveis.

Eu gostaria de agradecer, acima de tudo, aos jovens budistas Tashi, dois Eddys, Ty, Jason, Miko, Gaku, Kayla, Claire e Andy, por compartilharem conosco sua vida e seu conhecimento sobre o budismo. O meu muito obrigado a Andy Howk e aos membros do Teen Buddhist Sangha em topica.com, por tratarem tão bem este velho antiquado.

Faço minhas as palavras de Isaac Newton sobre si mesmo — e se elas se aplicam a ele, aplicam-se 108 vezes mais a mim:

> Eu era apenas um menino que brincava na praia e que se divertia procurando um seixo mais polido do que os outros ou uma concha mais bonita do que as outras, enquanto o grande oceano da verdade jazia inexplorado diante de mim.

Com o grande oceano de dharma diante de mim, descobri tão pouco! Mesmo assim, graças à minha sorte e a tantos bodhisattvas, sou abençoado por esses seixos e essas conchas. Eles são a minha riqueza, e os ofereço a vocês.

INTRODUÇÃO: ESTE LIVRO E VOCÊ

> Estudar o Caminho de Buda é estudar a si mesmo. Estudar a si mesmo é esquecer de si mesmo. Esquecer de si mesmo é realizar-se em todas as coisas. Ao realizar-se em todas as coisas, o seu corpo e a sua mente, bem como o corpo e a mente das outras pessoas, se afastam. Nenhum vestígio de percepção permanece e se estende eternamente.
>
> MESTRE ZEN DOGEN

A adolescência (assim como outras fases da vida, mas, sobretudo, a adolescência) é realmente difícil. É preciso ser filha ou filha, irmã ou irmão, neto, parente, vadio, adolescente com os hormônios a mil, estudante, cidadão, trabalhador, "futuro líder", parte do ecossistema, psicoespiritualista, ser humano. Você tem de ser tudo isso, o que requer certo esforço. Este livro pode ser de grande valia. Ser adolescente dá um trabalho danado. Você sabe disso, mas este livro vai lhe mostrar a profundidade desse trabalho e a maneira como você pode torná-lo ainda mais profundo. A sua experiência com a adolescência é tão fundamental para o que os budistas chamam de "grande questão do nascimento e da morte", que ser totalmente consciente da condição de adolescente é ser um espiritualista genuíno.

Buda na Mochila pode servir como um guia budista para ajudá-lo a lidar com questões profundas, importantes e espirituais que, por coincidência, são também questões aparentemente triviais, cotidianas e até mesmo sórdidas da sua vida. É um guia espiritual mesmo quando fala sobre lição de casa ou sexo; um manual prático mesmo quando fala do despertar de Buda ou de alguma técnica de meditação. Este livro lhe mostrará que existe uma dimensão genuinamente espiritual em todos os aspectos da vida. Por meio dos instrumentos do budismo, você aprenderá a ter consciência dessa dimensão da vida.

Está bem, mas por que o budismo? Porque o budismo se concentra exatamente em você, na sua experiência *neste exato momento*. Você é o centro da atenção. É *você* que torna o budismo real. E o budismo também pode ajudar *você* a se tornar real. O budismo trata da realidade porque nasceu da vida real de uma pessoa real, Buda. Ele ensinou uma maneira de alcançar a felicidade profunda, uma maneira que ainda é válida nos dias de hoje. Talvez funcione para você também. É por isso que as pessoas se interessam por Buda. É por isso que escrevi este livro, e é por isso que vale a pena dar uma olhada nele.

Talvez você já saiba o quanto o budismo é fantástico. Nesse caso, já desconfia que ele poderá ajudá-lo, neste exato momento, se você souber como colocá-lo em prática. É isso mesmo. Ou talvez este seja o seu primeiro livro sobre esse assunto, e o budismo ainda represente uma grande incógnita para você. Você deve estar pensando que este livro é sobre um indiano que viveu há 2.500 anos. Deve estar pensando que o budismo é como outras religiões que parecem enfocar os fundadores e ignorar os seguidores. Se fosse assim eu não me interessaria pelo budismo, e jamais teria escrito este livro para você. Mas o budismo é totalmente diferente.

Buda na Mochila fala sobre você e a sua vida. Fala também da vida e dos ensinamentos de Buda. O texto traz muitas informações sobre Buda e o budismo, mas apenas informações úteis. Não se preocupe demais com Buda durante a leitura; ele pode cuidar de si mesmo. Use seus ensinamentos em proveito próprio.

Buda ia gostar disso. Um dos *sutras* budistas, ou textos sagrados, mais importantes diz que no final da vida Buda disse a seus seguidores: "Os ensinamentos e as regras que lhes transmiti serão seus mestres depois da minha morte." E 2.500 anos depois, ainda são.

Portanto, você pode ler este livro para conhecer esse homem surpreendente, Buda. Você pode ler este livro para adquirir maior consciência de grande parte da nova cultura global; para aprender palavras sábias para dizer aos amigos em festas; para saber algo sobre a religião mais flexível e prática que existe. Todas essas são ótimas razões para ler este livro, mas a principal razão é trazer a sabedoria de Buda para o seu dia-a-dia.

Buda na Mochila trata exatamente disso: a realidade cotidiana. Pode-se dizer também que trata da espiritualidade cotidiana, uma vez que, no budismo, o real *é* o espiritual. Não existe separação entre os dois, não existe diferença entre o sagrado e o profano. A sua felicidade, a sua realização — estão ao seu alcance, e este livro vai ajudá-lo a perceber isso. Provavelmente alguém já lhe disse que você vai se lembrar desses anos como os mais felizes da sua vida. Não se preocupe: não é verdade. Juro que meus anos de adolescente *não* foram os mais felizes da minha vida. Certamente houve *dias* felizes, mas *anos*, nem pensar. Precisei deste livro na minha adolescência. É um pouco tarde para mim, mas ainda bem que não é tarde para você.

espiritualidade na adolescência

Os esforços mais importantes despendidos por um adolescente — a transição para um corpo adulto, para uma sociedade adulta e uma vida adulta, que requerem conscientização, discernimento e paciência — são os mesmos despendidos por todos os que estão no caminho espiritual. A experiência diária de ser um adolescente pode ser uma experiência verdadeiramente espiritual, dessa forma você é um buscador espiritual. Se isso lhe soa presunçoso, reflita sobre o seguinte: neste exato momento você está criando a si mesmo, e isso é a coisa mais importante que você vai fazer na vida. Você não tem de chamar esse processo de espiritual, apenas respeitá-lo.

O que *é* religião? O que *é* espiritualidade? Esses conceitos são notoriamente difíceis de definir, mas aqui está uma breve resposta. Religião é um sistema multidimensional de rituais, mitos, doutrinas, éticas e formas sociais e materiais, além de uma experiência sagrada. Não existe uma religião "certa", mas sim literalmente milhares de sistemas pelos quais as pessoas entram em contato com o sagrado, dando significado e ordem à vida humana.

Espiritualidade é a relação de uma pessoa com o sagrado. Trata-se de uma experiência interior e, portanto, pode variar de pessoa para pessoa. Essa diferença pode ser ainda maior do que a diferença entre as diversas religiões. Mas, espiritualmente, deve originar-se sempre de certas verdades imutáveis. Algumas pessoas descobrem a espiritualidade por intermédio de uma religião tradicional. Outras a vivenciam por meio da natureza, da arte, da ciência ou do amor.

Como adolescente, a sua espiritualidade é intensa por causa das suas experiências e porque você vive tão próximo dessas experiências. Por mais que tente fugir delas, drogando-se com TV, livros, *videogames* ou até mesmo drogas de verdade, essas tentativas de isolar-se apenas mostram o quanto suas experiências são poderosas. Durante a adolescência, você passa por diversas experiências fundamentais:

- ✦ Você adquire maior conscientização moral e tem de fazer opções de cunho moral sozinho. Você pára de simplesmente aceitar as normas estabelecidas por seus pais ou pela igreja; muitas vezes não aceita nem mesmo as leis do país. Em vez disso, analisa os princípios que estão por trás dessas normas e decide se são válidos ou não. Depois disso, o mundo nunca mais será o mesmo.
- ✦ Você procura fazer parte de novas comunidades que se norteiam por princípios de honestidade e justiça. Essas comunidades geralmente têm raízes religiosas. Você anseia por pertencer a um grupo que tenha os seus valores, quer seja uma turma ou uma igreja — muito embora mais tarde possa

perceber que as pessoas são hipócritas e ficar decepcionado. Por esse motivo, os adolescentes são os que mais tendem a trocar de seita ou religião. Além disso, quando encontram uma nova religião costumam ficar bastante entusiasmados.

- ✦ Você adquire aptidão intelectual para o raciocínio formal — a capacidade de refletir sobre a capacidade de pensar —, que lhe permite tomar consciência da sua própria conscientização. Essa experiência tem conseqüências surpreendentes, uma vez que expande a sua consciência para além do espaço do crânio. Você fica aberto ao sagrado, seja lá o que você considera sagrado. Essa experiência também pode transformar todo o seu mundo.
- ✦ Você sente o seu corpo sofrer transformações e vê os seus pais ficarem mais velhos. A partir dessas evidências e da sua nova conscientização, deduz a inevitabilidade da velhice e da morte. A percepção repentina da sua própria mortalidade pode abater-se sobre você com tanta força que causa vertigem.
- ✦ Você começa a procurar freneticamente algum tipo de significado numa vida que fatalmente terminará em morte e perda. Se nenhuma resposta mundana parece transcender a morte, é preciso apelar para as respostas cósmicas. Se você foi criado em uma religião, pode ser que recorra a ela neste momento com maior fervor. Os seres humanos não conseguem viver sem um significado. A maioria dos adolescentes descobre que os velhos significados da infância não funcionam mais. Alguns precisam descobrir um novo significado para a vida, caso contrário simplesmente não vale mais a pena viver. É preciso um significado para enfrentar a morte.
- ✦ Você se torna um ser sexual, independentemente de agir como tal, e, portanto, conhece os prazeres físicos, a intimidade e as tentações da vida. O sexo é profundamente espiritual. Só não é considerado espiritual por religiões que negam o caráter sagrado do corpo. O budismo (o budismo que eu prego, pelo menos) não está entre elas. A força da sexualidade pode ser perigosa, mas com certeza é espiritual.

- ✦ Você começa a ter relacionamentos românticos e descobre o centro exato da sua vida — a comunhão maravilhosa do físico, do emocional e do transcendente, que é o amor. Até mesmo a paixão mais passageira o tira de si de uma forma que indica a liberdade extática do verdadeiro amor. Esse é o objetivo do budismo: êxtase.

Você já compreendeu o que é um ser espiritual? Se ainda não compreendeu, talvez seja porque não goste da palavra "espiritual". Eu gostaria que tivéssemos uma palavra mais adequada no nosso vocabulário, mas essa é a melhor que temos. É uma palavra que Buda raramente usava. Ele não pregava seus ensinamentos nesses termos. Buda sempre conduzia as pessoas de volta às suas próprias experiências cotidianas. Será que elas eram felizes ou estavam se apegando a desejos ou concepções que as deixavam infelizes? Invariavelmente a resposta era a segunda opção. Então, Buda as ajudava a se libertarem dos desejos e das concepções que estavam causando essa dor e as conduzia para a calma... para a percepção intuitiva... para o nirvana!

Buda fazia isso afirmando as experiências cotidianas das pessoas, tanto externas quanto internas. Ele sempre as trazia de volta à própria mente, pedindo que tomassem consciência de seu estado mental dinâmico. Ele era bastante prático em relação às características das pessoas, tanto interiores quanto exteriores. Ele as aconselhava a voltarem a sua atenção para o momento presente — uma estratégia perfeita também para você neste exato momento. Ele se concentrava no lado prático, e não no lado etéreo ou religioso. Essa é a abordagem deste livro. Não se preocupe com o fato de ser ou não "espiritual". Não importa se você prefere se ver como um ser espiritual. O que importa é que se considere uma pessoa séria.

Você está passando por transformações, e elas vão continuar. Como dizia Buda, não existe uma pessoa "imutável", portanto "você" não tem uma identidade única e decisiva. Nós vivemos num mundo real, e para nos sentirmos bem nele precisamos de uma identidade dinâmica. Todos nós nos esforçamos nesse sentido durante toda a vida, mas, sobretudo, na adolescência.

Portanto, você está realizando uma jornada sagrada. A sua realidade e a sua trilha nessa jornada são sagradas — se você estiver consciente disso. Este livro o ajudará a fazer exatamente isso.

o que este livro oferece?

Começamos analisando a vida de Buda. Acompanhamos o seu crescimento e o seu questionamento em relação à própria identidade e ao que queria se tornar. Ele se rebela contra os pais, rejeitando a identidade que eles tentam lhe impor. Em vez disso, Buda empreende uma dolorosa busca interior. Isso lhe parece familiar? Espero que o seu relacionamento com seus pais seja melhor do que o de Buda, mas tenho certeza de que há alguns pontos em comum. O caminho seguido por Buda não é tão diferente assim do seu. As dúvidas dele são as mesmas que as suas.

Em seguida, exploramos as bases dos ensinamentos de Buda e a religião que eles originaram. Por mais de 2.500 anos o budismo se desenvolveu e sofreu mudanças, e está mudando mais do que nunca — embora permaneça sempre firmemente enraizado nas idéias de Buda.

Na segunda parte, analisamos as situações e os problemas típicos da adolescência, aplicando a sabedoria budista e, ao mesmo tempo, aprendendo a mudar. A sabedoria budista pode ensinar-lhe novas formas de encarar a si mesmo e ao seu mundo, que o ajudarão a ser mais feliz. À medida que enfocarmos os aspectos mais importantes — escola, imagem corporal, identidade, sexo, entre outras coisas — você aprenderá que é muito simples adotar a perspectiva budista. Não é fácil, mas é simples. Obviamente exige bastante empenho... tudo bem, para ser honesto, uma vida inteira de empenho sério. Mas não é necessário assumir nenhum compromisso agora, e os primeiros passos podem levá-lo a alcançar grandes progressos num curto espaço de tempo.

A terceira parte intitula-se "Caminho Budista". O "caminho" é a clássica metáfora do budismo. Buda encarava a vida como um

Um antigo texto zen diz: "O que conta é o agora; não leva muito tempo. Tudo o que lhe digo se dispersa... entenda isso e você será uma pessoa que verdadeiramente saiu de casa, livre para gastar uma fortuna todos os dias". Em uma revista virtual para adolescentes, Catherine D. cita os dizeres de uma embalagem de bala Baci: "Muitas pessoas vivem felizes sem saber." A mensagem é a mesma.

caminho, e esse termo acabou se transformando em sinônimo de budismo. O caminho não tem fim e, portanto, o importante é simplesmente percorrê-lo. A terceira parte apresenta as etapas básicas. Obviamente algumas coisas podem dar errado durante essa trajetória — tanto no âmbito interno quanto externo. Desculpe, mas o budismo não é uma fuga da realidade, mas sim uma fuga *para* a realidade, que inclui decepção e dor. Eu forneço dicas de como evitar os obstáculos internos (como resistência) e externos (como preconceito) durante o percurso.

Essa seção também traz técnicas básicas de meditação, uma tradicional prática budista que faz bem para o corpo e para a mente, quaisquer que sejam suas crenças religiosas. Em seguida, apresenta séries completas de exercícios espirituais que você pode fazer sozinho. Não é necessária a ajuda de um professor; toda a orientação de que você precisa para começar está bem aqui. Esses exercícios atuam como lembretes do que nós e este mundo significamos. Veja quais deles funcionam para você. Se decidir continuar a sua jornada, eles o ajudarão a integrar a prática budista básica na sua rotina diária.

Por fim, se você quiser continuar no caminho budista, a seção "Muitos Caminhos, Outras Explorações" vai lhe dar sugestões de como avançar e aprender cada vez mais. Você vai ter acesso a muitos recursos — inclusive páginas da internet, como a deste livro: www.buddhainyourbackpack.net — que o ajudarão a aprender mais sobre as formas de budismo e suas práticas. Os budistas não são todos iguais, e nem todos os centros ou grupos budistas serão adequados para você. "Muitos Caminhos" podem ajudá-lo a fazer uma escolha sábia.

Buda na Mochila fornece uma nova visão da sua vida e de todas as pequenas coisas (porém cruciais) que fazem parte dela. Minha intenção não é transformá-lo em budista. Francamente, não acho que isso seja importante. Alguns budistas ficariam chocados ao me ouvir dizer isso, mas pelo menos um deles concorda comigo: Sua Santidade, o Dalai Lama, a maior autoridade em budismo tibetano e o mais famoso e respeitado líder budista da atualidade em todo o mundo. Ele diz que existem inúmeros budistas, e que não há necessidade de mais. As pessoas devem continuar a ser o que são.

O Dalai Lama afirma que devemos apenas ser felizes! O objetivo da vida é alcançar a felicidade, e qualquer caminho que leve a uma felicidade mais profunda e mais duradoura é o caminho que você deve seguir. Não precisa ser o budismo; pode ser qualquer caminho que você siga de coração. Na verdade, podem ser vários caminhos.

Seja qual for o seu caminho, *Buda na Mochila* pode lhe ensinar alguma coisa. Pode abrir os seus olhos para uma vida extraordinária e lhe mostrar oportunidades. Este livro vai ajudá-lo a usar as idéias budistas para ser mais feliz, vai indicar-lhe que direção seguir se você quiser descobrir mais. Mas lembre-se, suas crenças e sua forma de ver o mundo são só suas. Se alguém tentar privá-lo da liberdade de escolha religiosa, é porque não confia na sua capacidade de escolher sozinho. De qualquer maneira, esses esforços serão inúteis, pois essas opções jamais podem ser impostas. Elas são a sua verdadeira liberdade. O budismo e este livro devem somar-se a ela. Portanto, seja livre e pode ser que você alcance a felicidade.

PRIMEIRA PARTE

BUDA E O BUDISMO

Alguém perguntou: "O que o senhor quer dizer com Buda verdadeiro, dharma verdadeiro e caminho verdadeiro? O senhor pode nos explicar, por favor?"

O mestre respondeu: "Buda é a simples pureza da mente. Dharma é a iluminação radiante da mente. O caminho é a luz translúcida que jamais pode ser obstruída. Os três são, na verdade, um só; no entanto, permanecem meros nomes sem essência."

MESTRE ZEN LINJI

QUEM FOI BUDA?

o mundo de Buda

Buda não nasceu "Buda". Ele teve de *conquistar* esse nome. Significa "aquele que está desperto" e, portanto, não é o seu primeiro nome, mas sim um título honorífico concedido em sinal de respeito. Mesmo sendo devotos, os budistas tradicionais não chamam Buda de "Buda" quando falam de sua vida antes do seu despertar. Eles o chamam de *bodhisattva*, que significa um "ser prestes a despertar", ou aquele que já percorreu uma grande distância no caminho da iluminação, mas que ainda não concluiu a jornada. Ou chamam-no pelo seu nome: Sidarta Gautama do clã Shakya. Depois do seu despertar, eles o chamam de Buda, o Abençoado, o Senhor ou Buda Shakyamuni (que significa "Buda, o Sábio dos Shakyas", porque há mais de um Buda, mas falarei sobre isso mais adiante).

Embora certamente fosse dotado de maravilhosos talentos natos, a princípio o jovem que seria o Buda parecia ser a pessoa menos provável de seguir um caminho espiritual; portanto, por ora vamos chamá-lo por seu primeiro nome, Sidarta.

Sidarta nasceu por volta de 500 a.C., na região que atualmente é ocupada pelo Nepal, no sopé do Himalaia, a cadeia de montanhas mais elevadas da terra. A sua cultura era altamente civilizada mesmo naquela época, e seu pai era um governante *kshatriya*, um nobre, uma espécie de rei de um país minúsculo. Os Shakyas, sua família, eram ricos e poderosos. Como primogênito, Sidarta era uma grande bênção para eles e o provável herdeiro do reino. Mas havia uma complicação. De acordo com a lenda, quando Sidarta nasceu um profeta previu que ele seria um grande monarca, que moveria as rodas do mundo, ou um grande mestre religioso, que moveria a roda da verdade.

Como você pode imaginar, os pais de Sidarta sabiam muito bem o que *eles* queriam que o filho fosse. Queriam um herdeiro e um rei, e estavam determinados a se certificar de que assim fosse. Não era preciso ser profeta para saber que tipo de infância Sidarta teria.

Sidarta cresceu na antiga Índia, uma cultura que dava grande importância ao *dharma*, ou senso de dever. Os jovens carregavam suas complicadas responsabilidades sociais e religiosas como pesados mantos. Simplesmente tinham de aprender e aceitar seus deveres, o que dependia de diversos fatores — os mais importantes eram sexo, idade, classe, grau de riqueza e relações familiares. Não é tão diferente dos dias de hoje, mas era muito mais rigoroso.

Apesar de gozar de grandes privilégios, Sidarta não tinha nenhuma liberdade. Desde que nasceu, sua tarefa era aprender a ser rei. Ele teria todo o poder e toda a riqueza que desejasse, contanto que aprendesse qual era o seu lugar e obedecesse aos pais. A profecia motivou os pais de Sidarta a serem ainda mais rigorosos para mantê-lo no caminho que lhe haviam traçado.

E foi o que fizeram durante muitos anos.

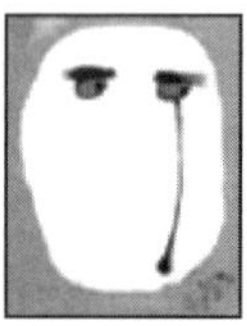

a longa infância de Sidarta

A concepção e o nascimento de Sidarta são cercados por um mito complexo. Você pode ler sobre isso em detalhes em várias outras fontes. Veja, por exemplo, a introdução das Jatakas, as histórias das vidas de Buda antes que ele se tornasse o Buda. Neste livro, quero apresentá-lo à pessoa real, Sidarta, da melhor forma possível.

Sidarta era o filho que seus pais tanto ansiavam. Mas pouco depois do seu nascimento, sua mãe morreu. Essa foi a primeira experiência de Sidarta com a tristeza e a frustração, a única que teria durante muito tempo. Reza a lenda que sua tia assumiu a responsabilidade por sua criação, mas a perda da mãe deve ter influenciado Sidarta, embora ele não pudesse se lembrar. O sofrimento também deve ter operado mudanças no pai de Sidarta, que certamente sentia uma necessidade ainda maior de manter o filho perto de si, uma vez que ele era o vínculo vivo com sua falecida esposa. Isso apenas aumentou a pressão para que Sidarta fosse merecedor de dar continuidade ao nome da família.

Podemos imaginar a infância de Sidarta sem acreditar em todo o mito nem em todos os "fatos" dos primeiros anos da sua vida. No entanto, esse mito ilustra as pressões sociais que sabemos que pesavam sobre ele. Além disso, conta a história com tanta intensidade que vamos usá-lo como ponto de partida para compreender os problemas que ele enfrentou como "riquinho" local.

O mito diz que o rei Shuddhodana, pai de Sidarta, construiu uma série de palácios suntuosos para o jovem príncipe. Esses palácios foram projetados com dois propósitos: em primeiro lugar, proporcionar a Sidarta todos os prazeres da infância e oportunidades para que ele aprendesse o seu papel na vida e, em segundo, evitar que Sidarta visse o lado triste deste mundo, pois o rei estava determinado a impedir que o príncipe deparasse com alguma coisa que pudesse deixá-lo em dúvida em relação ao seu destino. Os palácios, portanto, eram redomas majestosas destinadas exclusivamente a entreter e educar o príncipe, bem como suprir todas as suas necessidades.

Parece fantástico, não? Mas os palácios também eram locais dos quais Sidarta não podia sair. Eles foram projetados para prendê-lo em correntes de ouro, refém do seu futuro perfeito porém predeterminado. Suas grades podiam ser maravilhosas, mas não deixavam de ser grades.

Dessa forma, Sidarta cresceu magnificamente, cercado por riquezas, servos devotados e pais-corujas. A tia passou a amá-lo como um filho, e o pai tinha muito orgulho dele. Mas apesar de realizarem todos os seus desejos, também eram exigentes. Sidarta tinha de se sobressair em tudo — e ele correspondia às expectativas. Afinal de contas, embora ainda não soubesse, ele era um bodhisattva, um futuro Buda; obviamente era notável em tudo. Além disso, era absolutamente brilhante, bonito e talentoso. Você conhece a expressão "ele tinha tudo"? Bem, Sidarta tinha.

Quando Sidarta terminou os estudos, seus pais escolheram uma jovem para ser sua esposa, como era costume na época. Até hoje, em todo o mundo, muitos homens casam-se ainda adolescentes sem nem sequer cursar o colegial, quanto mais uma faculdade. Eles precisam trabalhar em tempo integral para sobreviver. Era assim na época de Sidarta, mas a sua tarefa era aprender a ser rei — o que incluía casar-se e ter um filho que um dia herdaria o seu reino. O pai de Sidarta esperava que ele fosse o pai do rei da geração seguinte. (Desculpem-me, rainhas não contam.) Assim, Sidarta casou-se e, ainda morando nos palácios, engravidou a esposa.

Sidarta descobre a realidade do mundo

Chega uma hora em que a infância termina para todo mundo. Mesmo que os nossos pais ainda não estejam prontos para isso, nós estamos. Temos de crescer. Não se trata necessariamente de querer crescer nem de agradar todo mundo, ou até a nós mesmos. Simplesmente é assim que as coisas são. E essa hora chegou para Sidarta.

Quase todas as versões do mito afirmam que os eventos cruciais tiveram lugar quando a esposa de Sidarta estava prestes a dar à luz. Seu pai planejava isolar-se na floresta em busca da espiritualidade, e Sidarta logo assumiria as funções de rei; por esse motivo, queria conhecer o seu reino. Até aquele ponto o pai tinha conseguido protegê-lo da realidade. Sidarta só conhecia uma versão "censurada", saneada e embelezada, do reino. Essa visão da Índia como o "lugar mais aprazível do mundo", entretanto, não duraria muito.

Talvez tudo tenha começado quando Sidarta ampliou suas responsabilidades reais. Talvez ele quisesse inspecionar o exército que ia comandar. Talvez quisesse conhecer algumas das pessoas que ia governar. Ou talvez sua única intenção fosse passear no parque.

Algumas versões do mito se referem a esse parque, embora você tenha de se perguntar se Sidarta apenas *disse* que ia ao parque quando de fato ia a outro lugar com um "amigo que tinha carro" (embora nesse caso se tratasse de uma carruagem). Quem é que sabe aonde Sidarta e seu cocheiro Channa *realmente* iam? Sidarta era um bom menino, mas não era perfeito.

Seja como for, o mito relata os fatos essenciais. Sidarta desviou-se da sua rota e viu "os quatro sinais" que mudaram sua vida e a história do mundo. E ao ver esses sinais, começou a crescer. Até então Sidarta tinha sido brilhante, mas também ignorante. A partir daí seus olhos se abriram. Agora podemos verdadeiramente começar a nos identificar com ele.

Primeiro Sidarta viu uma pessoa curvada, de cabelos brancos e debilitada. Obviamente tratava-se de uma pessoa idosa, mas como Sidarta nunca tinha visto tal coisa, perguntou ao amigo: "O que há de *errado* com ela? Por que está tão alquebrada?" Channa lhe disse. Abalado e assustado com o fato de que a vida humana pudesse chegar a esse ponto, Sidarta quis ir para casa, mas seus olhos estavam apenas começando a se abrir.

Nesse passeio ou no seguinte, Sidarta viu o segundo sinal — uma pessoa pálida e doente, torturada pela dor. "Ela está doente", teve de confessar o amigo, "acontece com todos nós". Para Sidarta, tão ingênuo porém tão puro e compassivo, essa informação foi chocante.

Talvez você já esteja esperando o que vem a seguir, mas Sidarta, tendo vivido tanto tempo na mais doce ignorância, não podia imaginar. Obviamente ele viu um terceiro sinal: um homem deitado imóvel, com a pele lívida, sendo conduzido lentamente e rodeado por pessoas tristes e chorosas. Talvez ele tenha pensado que aquele homem estava apenas muito doente, mas descobriu a morte. Aprendeu que os mortos nunca mais voltam, não importa o quanto o mundo desejasse que isso acontecesse.

Agora, sabemos que Sidarta era inteligente, e quando viu a morte perguntou imediatamente: "Isso vai acontecer com você, com todos os que amo, até mesmo comigo?" E Channa, verdadeiro amigo que era, disse a verdade a Sidarta: "Sim, Sidarta, todos nós vamos envelhecer, adoecer e morrer, até mesmo você."

Essa foi a mais terrível de todas as revelações. O final desse processo de doença e envelhecimento seria a morte, um fato inevitável e irremediável. Sidarta percebeu que toda a sua vida baseava-se na ignorância. Ele tinha sido resguardado de forma inimaginável, e agora aquela proteção acabara. Todos os seus prazeres, as festividades animadas com músicos e dançarinos, os banquetes e os vinhos caros, a dança de suas lindas cortesãs, até mesmo o amor da sua esposa, foram reduzidos a nada diante da dor da vida e do caráter final da morte. A vida que ele tinha levado até aquele momento ficou para trás. Sidarta retornou aos palácios, mas agora eles eram prisões.

No mito, a vida é mostrada de forma absolutamente clara. Não existem detalhes confusos ou retrocessos; não há a falta de clareza que todos nós enfrentamos na nossa própria vida. No entanto, a nossa vida é como a de Sidarta. É exatamente por isso que lhe contei essa história. Ser adolescente significa romper com os grilhões da infância, assim como fez Sidarta. E isso se aplica mesmo se, assim como ele, você não quiser realmente romper as correntes de ouro. Talvez você ache seus pais superprotetores, talvez eles sejam. Assim como os pais de Sidarta, eles o amam e têm grandes aspirações para você. Eles podem protegê-lo da mesma forma que os pais de Sidarta fizeram, mas o fato é que nenhuma proteção funciona no final. A vida (e a morte) irrompe, mesmo que você não se liberte.

E o quarto sinal?

Sidarta descobre a si mesmo

A infância de Sidarta chegou ao fim quando ele viu os três primeiros sinais. Pode-se dizer que entrou na adolescência ao ver o quarto sinal. Foi nesse instante que ele percebeu que tinha de ser ele mesmo, e não a pessoa que seus pais imaginavam que ele seria. Aposto que você conhece esse sentimento. O que aconteceu foi o seguinte.

Deprimido perante a realidade da dor humana, Sidarta voltou para o reino. Talvez estivesse em busca de esperança. Talvez apenas tivesse de se afastar dos pais. Naquela altura, deve ter sentido que eles o estavam oprimindo, forçando-o a ser o que *eles* queriam, até mesmo mentindo para mantê-lo obediente. Ele sabia que aquelas mentiras eram por amor, mas ainda assim eram mentiras. Assim como qualquer pessoa que está começando a descobrir o mundo, Sidarta odiava mentiras e ansiava por descobrir a verdade.

Dessa vez Sidarta viu algo muito diferente das outras três visões. Ele viu um homem magro, pobre, maltrapilho — mas não digno de piedade. De fato, aquele homem parecia transmitir uma espécie de paz, ou pelo menos um sentido de propósito que ele jamais vira em alguém. O homem não tinha juventude, poder, dinheiro nem beleza, mas, de alguma forma, não parecia se importar. Era um homem santo, um asceta, alguém que havia percebido o despropósito de buscar uma vida de prazer quando a doença, a velhice e a morte eram os únicos resultados. Uma pessoa assim renuncia aos fúteis prazeres mundanos em troca de uma vida de pobreza e crescimento espiritual. Em algumas versões do mito, Sidarta conversou com esse homem e, embora ele não tivesse as respostas, Sidarta sabia que não podia mais adiar as perguntas. Não podia permanecer nos palácios, tinha de encontrar suas próprias respostas. Ele decidiu que ia renunciar ao seu mundo, como o homem santo.

Bom filho que era, primeiro ele procurou o pai para pedir permissão. Obviamente houve discussão. Sidarta disse que era um novo homem, que na verdade já estava separado do mundo e que *tinha* de se tornar um asceta. Mas o rei disse não. Ele explicou, logicamente com certa arrogância, que Sidarta era "jovem demais" para fazer uma opção daquelas. Sidarta teria de esperar; primeiro teria de se tornar adulto. O pai o chamou de inconseqüente e tolo e disse que ele não sabia o que queria. Apenas *ele*, o pai, sabia o que o filho realmente queria. Sidarta era apenas uma criança e não podia fazer uma escolha sozinho. Teria de ficar em casa e cumprir com suas obrigações. Estava na hora do seu *pai* se aposentar. Sidarta só poderia isolar-se do mundo uma geração depois, quando seu cabelo estivesse grisalho e ele tivesse conhecido seu próprio neto. Então, estaria na hora de renunciar ao mundo — como naquela mesma noite havia chegado a hora de seu pai.

Ao ouvir as palavras do pai, Sidarta soube que sua esposa tinha dado à luz naquele dia. Bastante consciente da grande pressão para que ele abandonasse seus sonhos e ficasse em casa, deu ao filho o nome de Rahula, que significa "obstáculo". Naquela noite, quando foi ver a esposa e o filho, ele estava profundamente dividido.

Agora vamos deixar o mito de lado por um momento e tentar sentir o que Sidarta deve ter sentido ao olhar para a esposa e o filho recém-nascido. Ele deve tê-los amado. Ele vinha de um lar amoroso, e embora tivesse sido forçado a se casar, pôde escolher sua noiva. Certamente ele a amava. E tendo recebido o amor dos próprios pais, apesar da morte da mãe, deve ter ficado instantaneamente apaixonado pelo filho. Mas apesar desse terrível conflito ele não podia renegar o seu próprio caráter e a sua experiência. Ele tinha visto a velhice, a doença e a morte, e sabia que tanto a esposa quanto o filho passariam por tudo isso. Não importa o quanto os amasse e quisesse ficar ao lado deles, só havia uma maneira de salvá-los — e também uma única maneira de ser verdadeiramente ele mesmo. Ele tinha de deixá-los e seguir um caminho espiritual, tinha de buscar a cura para o sofrimento do mundo.

Naquela noite, quando todos estavam dormindo, Sidarta deixou o seu lar para começar sua jornada rumo ao despertar.

Deve ser difícil imaginar-se fazendo o que Sidarta fez: renunciando a tudo o que você é e a tudo o que você tem para empreender uma busca de si mesmo. Mas Sidarta só estava fazendo de forma mais intensa o que todos nós fazemos. Estava dizendo adeus à infância e aceitando o fardo de ser adulto. Para ele, esse fardo era espiritual: encontrar uma resposta para *dukkha*. (Essa palavra em sânscrito significa "problema", "decepção" ou "sofrimento".) Mesmo que o nosso fardo hoje em dia não seja tão pesado quanto o de Sidarta, ainda assim temos de suportá-lo. Também precisamos renunciar ao que somos para que possamos nos transformar nos indivíduos que devemos ser.

O primeiro passo rumo ao caminho do crescimento é assumir a responsabilidade. Não é difícil tomar essa decisão quando se sabe por que é preciso fazer isso. Na verdade, assumir a responsabilidade em casa pode ser divertido, porque demonstra competência, comprometimento e amor.

O passo seguinte é muito mais difícil: admitir para si mesmo e para o mundo que os limites da infância, que nos protegeram dos sofrimentos inevitáveis da vida, simplesmente não estão nos protegendo mais e precisam ser eliminados. Isso é difícil para todo mundo — tanto para os pais quanto para os filhos.

Se você é como a maioria das pessoas, concentre-se em si mesmo: como é difícil ser considerado apto para a liberdade, como é difícil até mesmo *pedir* liberdade quando a liberdade, por si só, pode ser dolorosa. Sidarta viu o sofrimento e pediu liberdade para enfrentá-lo. Teria sido muito menos doloroso apenas dizer: "Sim, pai", e voltar para os prazeres do palácio. Mas Sidarta preferiu a verdadeira liberdade ao falso prazer.

Que opções semelhantes você tem de fazer? De um lado, há a liberdade para gastar o seu próprio dinheiro. Quando você começa a gastar significa que tem de começar a ganhar dinheiro. Mesmo que seja uma mesada, ainda assim tem de ganhá-la, e não é fácil. É preciso encarar orçamentos, tarefas, trabalhos, conflitos de tempo e toda uma gama de problemas típicos dos adultos.

Não seria mais fácil simplesmente ficar em casa e viver de graça? Em certos aspectos, sim, mas de modo geral, não. Optar por ficar em casa significa optar por não ser ninguém. E ninguém quer ser ninguém, nem andar na companhia de ninguém. Você enfrenta o crescimento, e longe da sua segurança infantil.

Ao mesmo tempo, seus pais enfrentam o dilema de lhe dar liberdade para fracassar, machucar-se, até mesmo morrer — exatamente o que os pais de Sidarta tentavam evitar. Eles achavam que se ele nunca visse esses perigos, nunca teria de enfrentá-los. Mas os pais, por mais bem-intencionados e poderosos que sejam, não podem proteger o filho da realidade básica da dor desta vida. É muito difícil para os pais, que conseguiram manter essa bela mentira por tanto tempo, abrir mão dos filhos que amam e correr o risco de que eles se machuquem no mundo lá fora. Você precisa compreender a resistência que eles oferecem. Se você mostrar que compreende o que eles estão sentido estará dando um grande passo para ajudá-los a compreender seus próprios sentimentos — e também os seus.

Sidarta cresce

Quando saiu sorrateiramente na calada da noite, Sidarta jurou que só voltaria para casa quando tivesse encontrado a resposta para o sofrimento. Não apenas o seu sofrimento, mas o sofrimento do mundo. Sua meta parece grandiosa, mas, afinal de contas, esse era o futuro Buda. Ele deixou a cidade, raspou a cabeça e deu suas roupas para um mendigo que passava. São Francisco de Assis, outro menino rico que deu as costas ao mundo dos pais muitos séculos depois, despiu-se em plena praça e afastou-se do seu pai. Sidarta fez a mesma coisa, e ainda hoje alguns ascetas na Índia andam nus. Após sua partida grandiosa, dirigiu-se para a floresta para levar uma vida austera com outros ascetas. Ele queria se libertar da sua antiga personalidade e eliminar da sua vida qualquer vestígio de entrega ao prazer.

Ao mudar de vida, Sidarta rapidamente se tornou o primeiro praticante de meditação e renúncia. Aprendeu tudo o que podia com diversos mestres e continuou se aprimorando. O mito de Buda fala dos prazeres dos quais ele abriu mão e das diversas práticas que aperfeiçoou. Segundo o mito, Sidarta alcançou o nível mais profundo de *samadhi*, ou concentração, durante a meditação. Suas refeições eram compostas por um grão de arroz, uma semente de gergelim, uma frutinha jujuba, uma ervilha, um grão de feijão. Dizem que se podia ver a parte de trás das suas costelas ao olhá-lo de frente, e que quando ele coçava a barriga podia sentir a coluna. Obviamente não podemos acreditar em todas as antigas lendas, mas está bem claro que Sidarta passou anos empreendendo esses esforços, e seu sucesso acabou arregimentando um pequeno grupo de seguidores.

A vida prazerosa que Sidarta desfrutou na juventude há muito ficara para trás. Passaram-se seis anos de abnegação, e ele ainda não havia encontrado as respostas que buscava. Não vou sobrecarregá-lo com os detalhes. A vida dele deve ter sido uma combinação horrenda de dificuldade e tédio e, no entanto, apesar de todos esses esforços, ele não estava mais feliz que antes. Depois de desmaiar de fome e exaustão por diversas vezes, Sidarta deve ter percebido que estava se matando. Havia conseguido se entrosar com os ascetas — mas o que havia ganhado? Ele era a versão asceta de serenidade, mas estava infeliz. Depois de seis anos, percebeu que a abnegação também não era a resposta que buscava.

Assim, Sidarta abandonou o ascetismo da mesma forma que abandonara a fortuna da família. Em vez disso, decidiu trilhar um novo caminho, um caminho do meio entre os dois extremos. O mito diz que, ao tomar essa decisão, Sidarta foi amargamente recompensado: ele perdeu todos os amigos. Eles achavam que Sidarta tinha desistido da luta; não conseguiam ver que, presos a uma abnegação infinita, eles é que não estavam indo a lugar algum.

Com as forças renovadas por uma alimentação de verdade, Sidarta jurou que se sentaria embaixo de uma árvore e meditaria, imóvel, até atingir o despertar ou secar e desintegrar. Esse seria o esforço final. Ele olhou profundamente para dentro de si mesmo e viu seus desejos e sua ignorância. Ficou sentado durante toda a noite, aprofundando sua meditação e aguçando sua percepção. Por fim, quando surgiu a estrela da manhã, sua mente se abriu para a realidade de que não existia um Sidarta isolado. Seus desejos e seu sofrimento desapareceram junto com a ilusão da separação. Ele havia adquirido a compreensão absoluta deste mundo e da experiência humana. Estava iluminado, desperto, liberto. Sidarta se transformara no Buda.

> Dissipando-se livre na ausência de forma, a mente se liberta do desejo e de *dukkha*.
>
> DHAMMAPADA

a longa vida de Buda

Buda (finalmente podemos chamá-lo assim) sentou-se em êxtase. Não havia necessidade de fazer nada; estava verdadeiramente livre. Mas logo se viu diante de um dilema: será que deveria apenas desaparecer em bem-aventurança ou devia algo ao mundo? Ele decidiu tentar compartilhar a sua sabedoria com as outras pessoas, por mais difícil que fosse. Por compaixão, segundo as escrituras budistas, ele começou a transmitir os seus ensinamentos.

Só para mostrar que até mesmo para um Buda nem sempre as coisas são fáceis, uma escritura diz que a primeira pessoa que Buda encontrou depois do seu despertar lhe deu as costas. Buda parecia radiante, e o sujeito perguntou se ele era um deus. Buda respondeu que não era nem um deus nem uma pessoa comum: era um Buda, um ser desperto, o mais recente de uma série de grandes mestres espirituais. O sujeito ficou lá em pé por um momento e disse alguma coisa incerta como "hum, hum", e seguiu seu caminho. Não foi um começo grandioso para o homem que colocaria em movimento a grande roda da verdade e pregaria ao mundo.

Buda não desistiu, mas quando reencontrou seus antigos seguidores, estes o ignoraram. Sentaram-se lá tentando não olhar para ele nem dirigir-lhe a palavra, mas não conseguiram, pois Buda estava simplesmente radiante. Eles sucumbiram e ouviram o relato da sua descoberta. Esse é o famoso "Primeiro Sermão" de Buda, chamado de "Primeira volta da roda da verdade", que estabelece os primeiros princípios básicos que Buda expandiria pelo resto da sua longa vida. À medida que ler este livro, você verá que depara com esses princípios todos os dias da sua própria vida.

Dos cinco primeiros seguidores, os discípulos de Buda lentamente se multiplicaram ao longo de suas décadas de ensinamentos. Eles o consideravam cada vez mais não apenas como mestre, mas como líder de uma organização que se expandia. Durante esses cerca de 45 anos, como Buda realmente se via e o que estava fazendo? Será que sempre tinha certeza de que estava agindo de forma correta? Será que sempre ficava satisfeito com suas escolhas?

Os textos budistas não respondem essas perguntas. Eles simplesmente mostram Buda como uma pessoa perfeita. Ele jamais podia ter tido dúvidas nem sido infeliz, sugerem eles, porque era onisciente demais e calmo demais. A partir do seu despertar até o final da sua vida, os textos retratam Buda como um ícone vivo basicamente imutável — uma imagem encantadora, mas também difícil de se identificar. Uma imagem que contrasta profundamente com a maneira que os textos retratam o homem cuja vida temos acompanhado até agora.

Até o momento do seu despertar, fomos capazes de perceber os esforços de Sidarta, seus conflitos exteriores e seus obstáculos interiores. Podemos nos identificar com a sua vida e, algumas vezes, reconhecer suas qualidades em nós mesmos. Depois que ele se torna o Buda, o Abençoado, não somos mais capazes de conhecê-lo tão bem. Perdemos o contato com Sidarta, que não mais existe. No seu lugar, encontramos apenas vestígios do homem que se transformou no Buda. Os textos falam com eloqüência de como Buda tentou incansavelmente ajudar a humanidade a alcançar a felicidade e a paz. Eles descrevem sua serenidade, sua sabedoria, sua compaixão, sua paciência e todas as outras qualidades que ele possui (e ele possui todas elas). No final, entretanto, essas descrições nos lembram de como *queremos* ser, e não de como realmente *somos*.

Buda é tão sublime, tão infalivelmente superior a qualquer conflito ou crise, que as escrituras não mais se dão ao trabalho de contar a história da sua vida. Na verdade, não há muito que contar. Após o seu despertar, aparentemente ele não mudou muito. Por que mudaria? Ele era livre e se dedicava ao ensinamento das verdades que descobrira. Nunca se aposentou; novamente, por que o faria? Buda pregou até o momento da sua morte, porque estava fazendo o que deveria fazer. Ele havia descoberto a sua verdadeira identidade, havia atingido o desenvolvimento pleno.

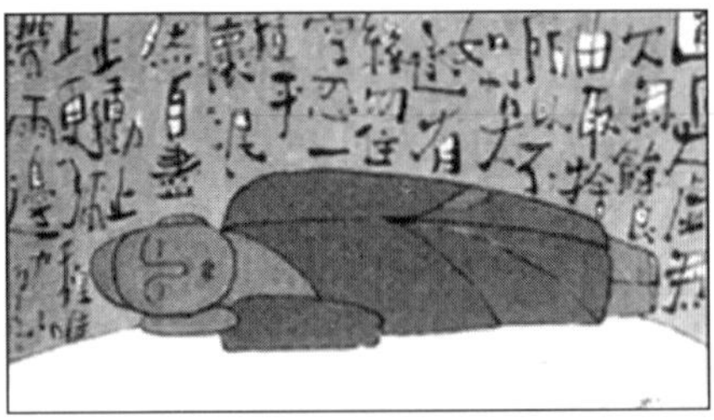

O QUE É O BUDISMO?

Quando você busca o ensinamento pela primeira vez, acha que está muito afastado dele. Mas o ensinamento já chegou até você: imediatamente você é o seu verdadeiro eu.

MESTRE ZEN DOGEN

Assim como o pássaro não deixa uma trilha no céu, assim como um sonho, uma ilusão, uma miragem, um eco, uma lembrança e a imagem da lua refletida na água são irreais e intangíveis, um dharma fixo, uma ordem estabelecida do dharma, também é irreal e intangível.

SUTRA DA PERFEIÇÃO DA SABEDORIA
EM 18.000 LINHAS

Nós acompanhamos a história de Sidarta à medida que ele cresceu, descobriu a si mesmo e, finalmente, despertou. Mas não exploramos o significado desse despertar. Até agora vimos a história de uma pessoa: agora veremos a história de uma religião.

Não se preocupe, não vou contar a história do budismo. Existem diversos relatos maçantes e outros não tão maçantes. Por enquanto, vamos direto para o centro vivo do budismo: o que Buda viu, sentiu e ensinou a seus discípulos. Vamos também analisar o crescimento contínuo das idéias budistas além do que o próprio Buda pregou, pois a sabedoria não estagnou quando Buda atingiu o nirvana final. Não mesmo. Quando os seres humanos aprendem alguma coisa e depois se esforçam verdadeiramente para ensiná-la, algumas vezes o discípulo *supera* o mestre. Como mestre, sei que isso acontece o tempo todo. De acordo com um ditado zen, qualquer mestre que não é superado pelos discípulos falhou. Buda não falhou. Como veremos, seus ensinamentos foram aprimorados e aprofundados — e continuam sendo.

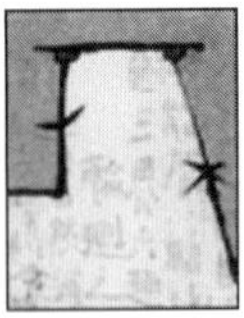

não se pode transgredir as leis da física

Agora você já sabe alguma coisa sobre Buda e sua busca espiritual. Ele se dispôs a colocar um ponto final na dor, na frustração, na decepção e no sofrimento da vida. O budismo ensina que ele finalmente alcançou o seu objetivo, mas não eliminando as causas mundanas desses problemas. Ninguém é capaz de fazer isso, nem mesmo Buda, nem mesmo um deus. Todos esses sentimentos são inseparáveis das coisas que causam prazer e alegria; eles fazem parte da trama do tecido do universo. Não há vida sem morte, nem amor sem perda. Como afirma um texto budista do tipo "não façam prisioneiros":

> Tudo o que está junto se separa
> Tudo o que sobe desce
> Todo encontro termina em partida
> Toda vida termina em morte
>
> UDANAVARGA

Qualquer pessoa que se preocupa com o mundo e com o próximo tenta juntar o que está separado, reconstruir o que está desabando, adiar partidas e evitar mortes. Esses esforços dão significado e beleza à vida. Mas todo mundo que tem cérebro sabe que nada vai impedir que ocorram separações, desabamentos, partidas e mortes. Todos nós estamos sujeitos às leis da física, inclusive à segunda lei da termodinâmica, que estabelece que a energia tende a fluir do estado de concentração para difusão. Segundo as palavras de Buda: "Todos os elementos se deterioram." Em outras palavras, como o tempo, qualquer sistema complexo, como o nosso complexo organismo, criado a partir de milhões de transferências de energia, será degradado, desintegrado e destruído. Não há como impedir esse processo.

O budismo ensina uma terrível verdade. Não importa o que prezemos, vamos perder, e simplesmente não há nada que possamos fazer a respeito. A princípio pode parecer profundamente deprimente, mas não é. Trata-se apenas da verdade. Todos nós sabemos disso, mas nem sempre queremos pensar no assunto. Foi isso o que Buda viu ao deixar o palácio, a realidade. A questão é: o que fazer?

A necessidade de agir agora é o conhecimento central para aqueles que não têm certeza se devem acreditar na vida depois da morte ou nas nossas almas eternas (se as tivermos). Talvez isso seja a coisa mais importante a ser escrita neste livro ou em qualquer outro. Seja o que for que acreditemos sobre os grandes temas da vida e da morte, temos de agir agora, neste exato momento.

O imenso cosmos se resume a *este lugar*. Toda a história do tempo se resume a *este instante*. Finais terríveis virão, é verdade, mas isso não faz diferença alguma agora. O que importa neste momento ainda importa, neste momento. Pensar, sentir e agir neste momento, reagindo honestamente a cada experiência. Essa é a vida e o que fazemos dela.

Você pode gastar uma grande quantidade de energia tentando infringir a segunda lei da termodinâmica, mas não vai conseguir. Não se pode transgredir as leis da física.

Está bem... o que *podemos* fazer? Apenas deitar e morrer neste instante? Não, pouquíssimas pessoas tentam isso. Buda certamente não tentou. Apesar de tudo, achamos que a vida é bela e queremos viver mais. Tem um truque que todos nós usamos: *fingimos* que podemos infringir a lei, parar o tempo e a decomposição, manter as coisas bem durante toda a vida e viver eternamente. *Sabemos* que é mentira, mas mesmo assim adoramos fazer isso. Surpreendentemente, de alguma forma conseguimos ignorar a fragilidade desse fingimento quase todo o tempo. Nós nos tranqüilizamos com sonhos de diversão e de esperança.

> Como jovem, você não está praticando esse truque do sonho como fazem seus pais e mestres, portanto provavelmente tem mais facilidade de perceber isso. Se você tentar despertá-los de seus sonhos, eles podem ficar bastante contrariados. Situação difícil. Nem sempre a honestidade é o seu melhor instrumento.

Quando fingem com sucesso, às vezes as pessoas ficam felizes, mas obviamente isso não pode durar para sempre. Quando chega a hora da deterioração e da perda, o fingimento vai por água abaixo e elas são obrigadas a enfrentar a realidade sem preparo ou prática. Provavelmente você já testemunhou alguns exemplos disso; eles são visíveis e dolorosos. Está bem claro que, a longo prazo, esse truque simplesmente não funciona.

Mas nem todo mundo recorre a truques. Nem todo mundo precisa fingir. Quando percebeu que todos à sua volta estavam fingindo, Sidarta saiu de casa em busca de algo real. Desde os primórdios da humanidade as pessoas que trilham o caminho espiritual vêm fazendo a mesma coisa. Depois que descobrem a vida além do sonho, algumas retornam e nos convidam a despertar também. Sidarta não foi o primeiro Buda. Houve vários Budas, e outros ainda virão. O budismo sempre pregou isso.

Buda descobriu uma forma de acabar com o problema despertando para a sua verdadeira causa. Ele viu uma terceira opção que funcionaria mesmo enquanto tudo estivesse se desintegrando. Sem esforços impossíveis para parar o processo. Sem esforços infrutíferos para negá-lo. Ele reconheceu a verdade da impermanência e a transformou no alicerce do budismo.

A impermanência está em todos os lugares. Nas palavras de um adolescente:

"Eu tenho esse enorme sentimento de tristeza de que um dia irei perder tudo o que possuo. Olhei todos os objetos no meu quarto e pensei que um dia eu não teria mais nem estes objetos nem este quarto. Olhei também tristemente as fotografias no meu álbum, porque sei que toda a minha família vai mudar. As pessoas vão morrer, vamos nos mudar e nada será o mesmo. No final, achei que seria melhor não ter tanta coisa, pois a dor de perdê-las seria muito grande. Imagino que seja exatamente sobre isso que Buda estava falando: apego. Isso é dukkha *e, portanto, devo me concentrar na ausência de apego. Assim, serei capaz de aceitar a impermanência das coisas..."*

Buda aceitou abertamente a impermanência. Ele conseguiu fazer isso porque viu o que significava a realidade. E isso nos conduz à verdade espantosa que está no cerne do despertar.

A verdade de Buda é espantosa não por ser complexa ou brilhante, mas por ser tão insuspeita e, no entanto, seguir de forma tão direta a idéia de impermanência a que nos referimos. Aqui está:

Não existe um eu duradouro que sofre.

É isso aí. Simples. Espantoso. Talvez devêssemos fazer uma pausa neste ponto. Sim, pare por um minuto e reflita sobre essa idéia. Feche os olhos e respire lentamente, com facilidade, só por um minuto, enquanto absorve essas palavras. Vá em frente, marque a página e ponha o livro de lado. Veja como se sente em relação a essa idéia. Eu espero.

Muito bem, seja bem-vindo de volta. Como se sentiu? Essa é uma idéia estranha, não? Vamos voltar a ela em um minuto, mas, neste momento, deixe-me dizer que você acabou de meditar. Ah, você pensou que estava apenas sentado refletindo? O grande mestre zen Dogen Zenzi do Japão diz que "simplesmente sentado" é a mais elevada forma de meditação. Parabéns. É fácil. (De várias formas.)

Agora vamos voltar à verdade fundamental do budismo.

explicando o inexplicável

"Ora, não adianta nada você falar em acordá-lo", disse Tweedledum, "quando você é apenas um dos elementos do sonho dele. Você sabe muito bem que você não é real."

"Eu sou real!", disse Alice, desatando a chorar.

"Você não vai ficar mais real se chorar", comentou Tweedledum, não há motivo algum para chorar."

ALICE ATRAVÉS DO ESPELHO

"Não existe um eu duradouro que sofre." Vamos relacionar essa verdade fundamental com o problema de deterioração e o transtorno que ele causa. A deterioração é a impermanência. Dukkha — o termo budista que designa sofrimento, problema, dor — surge do apego às coisas diante da inevitabilidade do seu desaparecimento. A atitude budista diante da deterioração ou da perda é não se preocupar com isso. Apenas deixe que aconteça, pois não está acontecendo com você. *Não existe você para que possa lhe acontecer.*

Essa é a parte mais difícil: compreender como é que você não existe.

Buda era um filósofo; portanto, de tempos em tempos, nos *sutras* (as escrituras budistas), ao pregar para intelectuais, ele tenta mostrar por vários meios as falácias lógicas da noção de si mesmo. Mas nem você nem eu somos intelectuais. (Fiz doutorado na Universidade de Chicago e, acredite-me, conheci alguns sujeitos *assustadoramente* inteligentes. Acho que vamos deixar que eles leiam outros livros.) Em vez disso, vamos começar decompondo quem somos, em que realmente consiste o nosso "eu" individual.

Em uma famosa passagem do clássico texto budista, The Questions of King Milinda [As Perguntas do Rei Milinda], um monge tenta explicar ao rei exatamente essa idéia do não-eu (em sânscrito, *anatman*, literalmente não-eu). O monge faz uma analogia com uma carruagem puxada por cavalos, mas para tornar mais relevante, vamos usar um carro. A idéia é a mesma. O monge, se fosse nosso contemporâneo, teria perguntado: O que é o carro? É o eixo do carro? É uma ou todas as rodas do carro? É o bloco do motor do carro? São os *airbags* do carro? E assim por diante.

Obviamente a resposta é não, todas essas coisas não são o carro. O "carro" é apenas uma palavra conveniente para designar esse conjunto de sistemas que operam juntamente naquilo que, durante algum tempo, constitui um carro. Mas na realidade não existe um carro. Se substituíssemos as peças, uma a uma, reconstruiríamos completamente o carro. (Se alguma vez você já reformou uma "lata velha", sabe o que significa trocar o carro substituindo peça por peça. Descobriu também que comprar as peças avulsas para montar um carro fica cerca de vinte vezes mais caro do que o carro todo. Esse é um exemplo de dukkha.) Se todas as peças fossem trocadas, seria o mesmo carro? Fisicamente, não. E não se pode realmente dizer que seria o mesmo carro só porque você o usaria da mesma maneira. Esse é apenas o seu uso, não a sua essência. Seria o mesmo que dizer que outra pessoa que beija o seu namorado ou namorada é você, pois está fazendo a mesma coisa que você faz. (Esse é outro exemplo de dukkha.)

Isso nos conduz ao Eu. Assim como não existe carro, não existe Eu. Veja você por exemplo. Você é o seu fígado? O seu coração? A sua pele? O seu sangue? Essas coisas estão permanentemente mudando. Elas não podem ser você se você quiser alegar que é algo permanente. Vamos ao que interessa: nenhuma parte de você é você. Até mesmo a sua mente, que é o que restou quando descobrimos que as várias partes do seu corpo não são você, é impermanente. Seus pensamentos estão constantemente surgindo e desaparecendo. Até mesmo a sua própria consciência simplesmente não estava lá antes de você nascer. Não existia. E depois da sua morte? Ela desaparece novamente. Na verdade ela desaparece quando você está em sono profundo. Mesmo durante o dia, naqueles micromomentos entre um pensamento e outro. Tem horas quando a sua singularidade se dissolve em uma mistura confusa de meras percepções e apercepções que escapam através de um campo de consciência que desaparece por si só quando não está ativo.

Existe uma passagem encantadora de um antigo sutra que relaciona as questões tolas sobre as quais não vale a pena refletir longamente.

> Pode ser que ele pergunte: "Eu existi no passado? Eu não existi no passado? O que eu era no passado? Como eu era no passado? O que eu era que me levou a ser como eu era no passado? Vou existir no futuro? Não vou existir no futuro? Como serei no futuro? O que serei que me levará a ser como serei no futuro?" Ou pode ser que fique confuso sobre o momento presente: "Eu existo? Eu não existo? Quem sou eu? Como sou eu? De onde vim? Para onde vou?"
>
> MAJJHIMA NIKAYA

Chegamos bem perto desse tipo de pergunta que Buda nos pediu para evitar. Portanto, vamos parar por aqui com essa afirmação simples: buscamos um "eu" e não conseguimos encontrá-lo. O nosso eu é uma ilusão composta por ínfimos grãos de senso e de memória. É uma ilusão útil quando, digamos, precisamos decidir rapidamente se vale a pena pisar no freio e salvar a nossa pele quando ocorre um acidente bem na nossa frente. (É por isso que nunca se deve dirigir colado no carro da frente: se você fizer isso, não terá tempo suficiente para reunir mal e porcamente um eu para pisar no freio antes que o impacto coloque um ponto final em todas as oportunidades futuras.) Vem bem a calhar também quando o seu namorado está atrás e *alguém* tem de beijá-lo. Mas por mais útil que seja o Eu, em última análise ele não existe.

Tudo bem, você não existe. O que fazer agora?

Se você não existe, então não pode fazer nada, porque não existe "você" para fazer o que quer que seja. Aqui entra outro conceito budista importantíssimo: as Duas Verdades. Basicamente, você não tem um Eu, mas no dia-a-dia, você *tem*. Buda não era idiota. Ele sabia que num nível convencional é bom falar sobre carros, o eu e namorados como se eles existissem. Mas no nível básico, eles não existem como coisas separadas ou duradouras. Tudo o que há, na realidade, é uma rede maravilhosa de inter-relações em constante desenvolvimento. Por razões lingüísticas que não vêm ao caso aqui, os budistas geralmente chamam essa inter-relação de "vazio", mas é melhor chamarmos de "abertura". Tudo está aberto porque só existe em suas relações com outras coisas. Em outras palavras, só existimos em nossos relacionamentos, que estão sempre se desenvolvendo. Portanto, podemos dizer que o eu existe, mas apenas no contexto da dança que está executando com outros Eus.

É possível afirmar que você e eu existimos? Basicamente, não. Mas é possível afirmar que a nossa relação como escritor e leitor existe. A sua mente está brincando com pensamentos que já tive. Eu existo para você porque registrei meus pensamentos neste livro que você está lendo agora. A sua leitura me faz existir. Você me criou. Obrigado!

Todas as coisas são assim.

aonde você vai agora? número um

A idéia de não existir um eu pode não ser atraente. Admito que às vezes também fico assustado. Mas consegui enxergar o lado positivo dessa constatação, que encontramos logo nos primeiros ensinamentos de Buda. Aqui está:

> Se não existe Eu, não existe ninguém para sentir a dor da impermanência e do apego. Não existe ninguém para ficar frustrado, zangado, decepcionado. Não existe ninguém para sentir perda e ninguém que tenha de morrer. Imagine.

Se consigo viver ao mesmo tempo no nível básico e no nível convencional, então consigo viver sem o meu eu e sem a minha experiência de deterioração. Certamente objetos e pessoas vão se desintegrar, mas eu não preciso fingir que não vão, como todo mundo faz. E também não preciso brigar com a natureza por deixar que isso aconteça. Apenas aceitarei a mudança naturalmente, pois deterioração é mudança e conduz a coisas que não conhecemos. Eu a aceitarei porque não tenho um eu nem um ego para proteger, e porque sei que o que existe agora deve desaparecer para dar lugar ao que virá. Essa é a dança cósmica.

A idéia espantosa de Buda é o convite que ele nos faz para a dança cósmica. Buda é o nosso par no baile de formatura. Ele está vestido na última moda e chega com um adorável arranjo de flor de lótus para enfeitar sua roupa. Ele o impressiona com frases delicadas como "Você não é ninguém até que alguém o ame" ou talvez "Você é tão bonito, como era o seu rosto antes que seus pais tivessem nascido?" Ele chegou a tempo de despertá-lo dos seus sonhos e lhe dar a chance de encontrar felicidade e satisfação genuínas, do tipo proporcionado pela dança. Buda sabe como se deslocar na pista de dança cósmica. Quando dançamos com Buda — na verdade sempre que dançamos bem — estamos agindo da forma correta e seremos felizes sem nem mesmo tentar.

aonde você vai agora? número dois

Juntar-se à dança cósmica: essa é a meta do budismo em quatro palavras. Se isso lhe parece demasiado etéreo, Buda passou 45 anos ensinando lições claras e detalhadas de dança cósmica. Ele forneceu diretrizes práticas para fazer com que essa liberação ocorra na nossa vida. Nos 2.500 anos que se passaram, algumas pessoas brilhantes, sinceras e, por vezes, divertidas passaram a vida toda tentando esclarecer ainda mais essas diretrizes para que possamos enfiar essa liberdade na nossa cabeça dura. Elas nos mostraram o caminho, a única coisa que temos de fazer é segui-lo. Veja se consegue seguir minhas orientações.

Os primeiros parceiros de dança de Buda foram os cinco ascetas que o seguiram quando ele estava vivendo sob as rigorosas práticas do ascetismo. A primeira reação que tiveram foi apegar-se aos seus preconceitos, acreditando que Sidarta havia abandonado práticas religiosas sérias e, portanto, não merecia ser ouvido. No entanto, ao vê-lo, tiveram de admitir que ele parecia melhor. Por esse motivo, no final decidiram ouvi-lo, e seus ensinamentos devem tê-los tornado pessoas melhores também.

Primeiro, o novo Buda disse-lhes que era prejudicial entregar-se aos prazeres de forma extrema. Era vulgar e inútil. Conduzia ao sofrimento, e não à libertação. Isso era tudo o que queriam ouvir. Talvez, pensaram, Sidarta tivesse recobrado o juízo e voltasse a liderá-los. Mas não, depois dessa afirmação o novo Buda imediatamente demonstrou que não era mais Sidarta. Ele afirmou que a abnegação extrema era prejudicial, dolorosa e inútil. Conduzia ao sofrimento, e não à libertação.

O que Buda estava dizendo aos ascetas era que *toda a vida deles era um desperdício total de tempo*. Toda a sua abnegação de nada adiantava — absolutamente nada, pois na verdade eles tinham enfraquecido e prejudicado a si mesmos. É nesse ponto que eu imagino o quanto eles devem ter ficado irritados. Eles estavam seguindo uma prática religiosa séria, e chega um jovem e os esnoba. Então ele vai embora para se divertir e agora volta para insultá-los? Quem diabos é esse cara? Quem ele pensa que é?

Bem, obviamente essa foi a primeira pergunta que já tinham feito a Buda, e ele respondeu que ele tinha "despertado". Alguma coisa em seu sorriso desperto deve ter mantido seus irritados seguidores por perto tempo suficiente para que ouvissem seu mais importante ensinamento.

O caminho certo é o "Caminho do Meio", entre prazer e negação, entre todos os extremos.

"Caminho do Meio" significa budismo. É chamado também de "Caminho Óctuplo", porque consiste em visão correta, intenção correta, linguagem correta, ação correta, modo de vida correto, esforço correto, atenção correta e meditação correta. Preencha a sua vida com esses oito aspectos corretos e você estará a caminho da calma, da visão, do despertar, do nirvana.

Buda, então, estabeleceu suas famosas Quatro Nobres Verdades. Essas verdades simples formam o alicerce do budismo e constituem a razão pela qual precisamos seguir o Caminho do Meio.

VERDADE SIMPLES Nº 1: *A VIDA É REPLETA DE DUKKHA.*

Dukkha geralmente é traduzido como "sofrimento", mas também significa decepção, insatisfação, frustração, angústia, aflição, descontentamento, desgosto, infelicidade, desventura, melancolia, mágoa, pesar, infortúnio, tristeza, amargura, desconsolo, inquietação, mortificação, desgraça, dor e aborrecimento. Temos muitas palavras para expressar esse sentimento tão comum, tão próximo do coração. Cada uma delas capta parte desse sentimento, mas nenhuma consegue captar todas as suas nuances. Portanto, neste livro vamos empregar a palavra original, dukkha, cientes de que ela encerra todos esses significados, entre outros. Essa é a verdade que todos nós vivenciamos. Podemos não ter pensado nas outras três Nobres Verdades, mas dukkha não requer muitas explicações. A vida não é nenhum piquenique. Nós desfrutamos de grandes prazeres, mas eles nunca bastam e sempre terminam. Nenhum poder terreno pode impedir isso. O nosso desejo sempre sobrepuja a nossa satisfação. Acontece dukkha.

> Não acho que as Quatro Nobres Verdades sejam fáceis. Elas não são fáceis; são simples. Fácil e simples são coisas totalmente diferentes.

VERDADE SIMPLES Nº 2: *O DUKKHA QUE SENTIMOS É FRUTO DO NOSSO DESEJO.*

Sentimos dukkha simplesmente porque queremos que certas coisas aconteçam e outras não. Essa é a história da nossa vida, e também a razão pela qual ela nunca tem um final feliz. Nunca estamos satisfeitos porque estamos sempre querendo mais. Não temos sossego. Estamos sempre passando para o próximo episódio — e é melhor que seja um episódio *divertido*.

Você diz que não precisa de muito? Que ficará satisfeito quando conseguir essa ou aquela quantia? Talvez seja verdade (embora eu duvide), mas, ainda assim, vai desejar mais, porque logo que conseguir o que almejava não vai querer parar. Sua ambição não tem fim, até que você percebe que precisa sair dessa roda. Isso se aplica a todos nós. Você diz que não precisa de nada, que seria feliz como um mendigo, que não tem desejos? Mas você ainda quer ser você. Ainda quer viver. Reiterando, simplesmente não há um final à vista — até que você esteja preparado para ver as coisas sob um novo prisma.

VERDADE SIMPLES Nº 3: *EXISTE UMA MANEIRA DE VER AS COISAS SOB UM NOVO PRISMA E COLOCAR UM PONTO FINAL NESSE DUKKHA.*

Vá em frente, ensinou Buda: vire o mundo inteiro de cabeça para baixo. Quando se percebe que não existe um eu para satisfazer, não há necessidade de satisfazê-lo. É isso aí. Cessa o dukkha.

Os budistas sabem perfeitamente que Buda negava que o eu era eterno ou que era aniquilado por ocasião da morte. Ele podia negar ambos porque *nunca houve* um Eu. O eu não é destruído na morte porque nunca existiu. Isso se aplica também ao desejo: o budismo não afirma que temos de abrir mão dos desejos. Desejo é a vontade que alguém tem de ter controle sobre as coisas. Mas e se, basicamente, não *houver* "alguém"? Então também não pode haver desejo. O desejo é parte natural da ilusão do Eu. Se percebermos a ilusão, o desejo deixa de nos controlar.

Será que isso significa que você não vai sentir fome se gastar o dinheiro do almoço em uma entrada de cinema e não puder comer? Não, você ainda sentirá fome, mas essa sensação física não precisa necessariamente causar dukkha, não se você puder aceitá-la de forma plena. Essa sensação é saudável. É o que se deve sentir depois de ter preferido ir ao cinema. Se não tem problema, não tem dukkha.

Até mesmo um caso extremo como a dor que você sente quando não consegue pisar no freio a tempo e bate no carro da frente — não é dukkha se você for capaz de aceitar a dor como um fato natural e correto. Ao aceitar a dor, você estará afastando o desejo ardente de que as coisas fossem diferentes, quando isso não está ao seu alcance. Quando passa o desejo, passa o dukkha. Até a dor da morte — a sua ou de alguém que você ama — só será dukkha se você a transformar em dukkha. É claro que um caso extremo exige uma serenidade extrema. A maioria de nós jamais vai deixar de se sentir triste diante da perda de um amigo. Mas aceitar a perda ainda é certo e ainda afasta o dukkha. O fato de você não conseguir visualizar o fim do caminho não significa que não deva começar a jornada. Existem recompensas ao longo do caminho, não apenas no final.

VERDADE SIMPLES Nº 4: *AO SEGUIR O CAMINHO ÓCTUPLO, VOCÊ AFASTA O DESEJO E O DUKKHA.*

Assim como as outras, essa verdade é bastante clara, breve e doce. O poder de todas essas verdades reside na sua simplicidade. Elas são a mola propulsora do budismo. Seu poder levou Buda a ensinar seus discípulos, e estes, por sua vez, a transmitir os ensinamentos recebidos aos seus próprios discípulos. Levou os mestres a aprofundarem os ensinamentos na Índia, no Sri Lanka, em Burma, na Tailândia, no Laos, na Indonésia, na China, no Vietnã, na Coréia, no Tibete, no Japão — e agora no Ocidente;

e me estimula a aprofundar os meus conhecimentos e a ajudá-lo a aprofundar os seus.

Essa última verdade nos leva direto ao Caminho Óctuplo. Ao olharmos para esse caminho e compreendermos o que significa percorrê-lo, estamos olhando para esse processo interminável de aprendizado, ensinamento, mudança e aprofundamento.

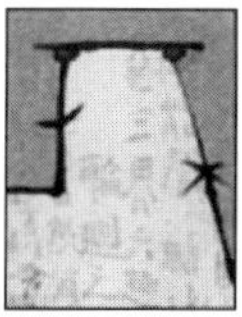

ah, então não se trata de aonde vamos — mas sim de irmos

Isso mesmo. Trata-se de ir até lá, e isso significa que se trata do caminho. É por isso que o budismo é chamado de "Caminho do Meio". De fato, na primeira pregação aos cinco antigos seguidores, Buda nunca falou sobre "budismo". Isso realmente *poderia* ter espantado seus seguidores. Na verdade ele falou apenas sobre o que estou falando, e disse que era a mesma coisa:

> Monges, o que é o caminho do meio, que proporciona percepção intuitiva e conhecimento, que conduz à calma, à visão, ao despertar, ao nirvana? É o Caminho Óctuplo: visão correta, intenção correta, linguagem correta, ação correta, modo de vida correto, esforço correto, atenção correta, e meditação correta.
>
> SAMYUTTA NIKAYA

Já falamos sobre as oito revelações de Buda. Vamos analisar agora, detalhadamente, a sua personificação: o percurso do caminho. É nesse sentido que o discípulo budista deve empregar seus esforços. E é isso o que os próprios mestres budistas vêm tentando nos ajudar a fazer há 2.500 anos.

Não precisamos conhecer os detalhes do cinco *skandhas*, os agregados mentais/perceptivos nos quais o nosso eu se fragmenta, para compreender o "não-eu" e nos sentir melhor. Não temos de nos lembrar dos doze elos da corrente de *pratitya samutpada*, ou co-surgimento interdependente, para perceber que todas as coisas estão interligadas e que uma leva ao surgimento da outra num processo incessante. Para compreender claramente o que significa a iluminação, ou budeidade, é preciso se tornar Buda nesta vida, e não estudar doutrinas filosóficas confusas. Você já fez isso por intermédio das filosofias mais difíceis neste livro.

> Observação: à semelhança de tudo o que vale a pena fazer na vida, o cumprimento desses preceitos é inevitável, porém não de todo.

Não é importante nem mesmo saber de cor o Caminho Óctuplo. Conta-se que o estudioso budista D. T. Suzuki, que despertou o interesse de tantos ocidentais para a doutrina zen, às vezes se esquecia de um ou outro dos oito fatores do caminho durante suas palestras. Ele dizia para as pessoas não ligarem, que isso não era importante.

Mas eu acabei de dizer que seguir o caminho é todo o budismo. É para onde devem voltar-se todos os seus esforços. Como isso não é importante?

Suzuki (e eu) nunca disse que não é importante seguir o caminho; pelo contrário. Apenas não é necessário saber que parte se está percorrendo nem quando. O ideal é que todas as partes estejam ocorrendo ao mesmo tempo. Entretanto, vamos começar do começo e relacionar os fatores na sua ordem tradicional.

Linguagem correta, ação correta e modo de vida correto formam um grupo. Os três formam a parte ética do caminho; todos dizem respeito a fazer a coisa certa. Esses fatores constituem a essência do budismo. Deveriam ser a essência do ser humano, ou pelo menos a *tentativa* de praticá-los. A tradição budista desdobrou-os em "cinco preceitos" que todos nós devemos seguir. (Os budistas Mahayana têm outros, mas de modo geral todos os budistas seguem esses cinco.)

UM: Juro não matar nem fazer mal a nenhum ser vivo desnecessariamente.

DOIS: Juro não me apoderar do que não me pertence.

TRÊS: Juro não fazer uso inadequado do sexo.
QUATRO: Juro não mentir nem ferir com palavras.
CINCO: Juro não prejudicar minha mente com substâncias tóxicas.

É bom fazer esses votos. Na verdade, ser budista significa tentar viver de acordo com eles.

Não é preciso ser budista nem fazer esses votos para aprender com este livro. Seu objetivo não é fazer você seguir preceitos, mas sim dizer o que os budistas fazem e ensiná-lo a pôr o budismo em prática na sua vida. Os budistas tentam seguir o Caminho Óctuplo, e isso significa seguir esses preceitos. Faça o que você quiser.

Esforço correto, atenção correta e meditação correta são o segundo grupo, que diz respeito ao treinamento mental. Esforço correto significa empregar nossas energias para sermos mais felizes da forma mais profunda — em outras palavras, não ter desejos egoístas, não prejudicar ninguém, não se entregar a maus hábitos, todas essas coisas ruins que nós, seres humanos, fazemos. Atenção correta significa estar consciente dos próprios sentimentos e da honestidade desses sentimentos. Chega de negação, chega de fingir estar feliz, irritado, apaixonado ou entediado quando não se está. Por fim, meditação correta significa deixar os pensamentos de lado e simplesmente ser por alguns momentos. É muito bonito e, para a maioria das pessoas, *inacreditavelmente* difícil.

Por ser tão difícil, os budistas passaram milhares de anos bolando novas formas de meditação que funcionem para você. Existem dezenas de técnicas, de sentar-se em cemitérios a ter relação sexual. Algumas são absolutamente simples ("sentar-se"); outras são bastante complexas (meditação sexual, a propósito, é uma delas. É o tipo de coisa que não se deve tentar em casa). Todas, porém, têm um único objetivo: nos ajudar a compreender a ilusão do eu. Foi por meio da meditação que Buda despertou, e é por meio da meditação que temos a maior chance de despertar. A meditação destrói as ilusões que nos mantêm tão infelizes.

Mencionei "sentar-se". Como eu disse antes, essa é a forma mais elevada de meditação de Dogen Zenji. Deixe-me fazer a pergunta mais importante a esse respeito: Quando estamos apenas sentados, sem fazer mal a ninguém, sem acalentar desejos, incorporando o Caminho Óctuplo, quem somos? Eis a resposta realmente impressionante: somos Budas. Sim, é isso o que Dogen diz: Somos Budas. Essa explicação nos conduz à próxima parte do caminho.

Visão correta e intenção correta formam o aspecto sábio do caminho. Visão correta significa perceber todas as ilusões — como a da existência de um eu isolado. Alguns budistas alegam que qualquer formação mental, inclusive qualquer doutrina, representa uma ilusão; portanto, a verdadeira visão correta significa não ter nenhum ponto de vista fixo. Trata-se de aceitar o momento presente e de lidar com ele de forma apropriada. Intenção correta significa querer seguir o caminho e estar disposto a desenvolver sabedoria e compaixão, as duas grandes virtudes budistas. Se você tenciona desenvolver essas duas qualidades e tem a visão correta, por que não *seria* um Buda quando meditar? Pelo menos durante os poucos minutos que está sentado aqui, você é um Buda. Faça uma reverência para si mesmo.

Depois toque a vida para a frente.

SEGUNDA PARTE

BUDISMO PARA O DIA-A-DIA

Quando a mente é original,
o mundo é igualmente original,
destituído de forma e espaço.

Quanto à forma — não lhe dê atenção.

Quanto ao espaço — não lhe tenha apego.

Você não é santo nem sábio,
apenas uma pessoa comum
fazendo coisas comuns.

LAYMAN PANG

Você conhece a expressão "Já vi esse filme". Mas quando se trata de situações de conflito ou confusão, tendemos mais a olhar para trás e pensar: "Já vi esse filme, por que eu faria isso?" O objetivo dessa parte importante do livro é mostrar como as idéias budistas podem ajudá-lo a passar de "por que eu faria isso" para "fiz a coisa certa". Minhas conversas com adolescentes revelaram um amplo leque de situações em que o budismo pode ajudar. Elas se encaixam naturalmente em algumas categorias básicas: Vida Familiar, O Seu Corpo, Questões Escolares, O Sexo Oposto e Você, Autodescoberta e Perguntas Relevantes.

As situações da vida real nem sempre se encaixam perfeitamente em uma categoria. Na verdade, a vida insiste em reunir tudo de uma vez. Não há com o que se preocupar. Os princípios e as práticas que funcionam numa situação simples vão funcionar em outras mais complexas. O budismo é um modo de vida surpreendentemente simples. A menos que você se meta em sua filosofia extraordinariamente complicada, a sabedoria budista se resume a uma porção de idéias e técnicas realmente práticas que podemos aprender a usar todos os dias.

VIDA FAMILIAR

Jovem, o filho deve agir em relação
aos pais de cinco maneiras, pensando:
Tendo me sustentado, eu os sustentarei,
Eu farei suas tarefas,
Manterei as tradições familiares,
Eu me farei digno da minha herança,
Farei oferendas em honra da minha família.

Jovem, os pais demonstram compassividade para com os
filhos de cinco maneiras:
Eles impedem que eles façam o mal,
Eles os encorajam a fazer o bem,
Eles os treinam em uma profissão,
Eles arranjam para eles um casamento adequado,
No momento adequado, eles lhes dão a
sua herança.

DIGHA NIKAYA

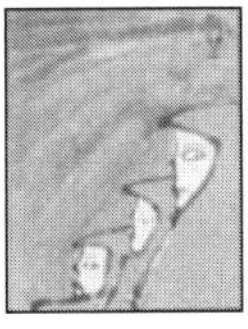

como nos transformar no que somos

Obviamente é no seio familiar que começamos a nos transformar no que somos. Esse processo tem início ainda antes do nascimento. Analise a sua vida antes de nascer: quando você estava no útero materno, havia um relacionamento. Embora você não soubesse disso na época, sua mãe e você eram *realmente íntimos*. Mesmo durante o primeiro ano de vida, você só existia em conexão com outra pessoa — sua mãe ou a pessoa que mais cuidava de você. Como o psicólogo D. W. Winnicott costumava dizer, não existe bebê sem mãe, nem mãe sem bebê. Um simplesmente não existe sem o outro.

Desde então você vem descobrindo quem você era, isolado — mas relacionado com os outros. É por isso que você era tão chato quando era dois. Você estava descobrindo o que era você e o que não era, e também que havia outras pessoas que você não podia controlar como num passe de mágica. Chato, mas você se acostumou com isso. Na verdade essa percepção foi essencial para que você conseguisse realmente se relacionar com os outros. Eles eram exatamente como você, com sentimentos e tudo. Impressionante! Você tinha de testá-los, e na verdade você testou seus pais. Será que eles o amavam de verdade? Se você os ferisse, será que eles ainda voltariam? Será que você poderia criar suas próprias regras? Quem era o chefe? Você descobriu.

Como adolescente, você está se redescobrindo, no relacionamento com a sua família e com diversas outras pessoas. De uma perspectiva budista, os relacionamentos *são* você. Não existe você, separado deles. É por isso que você se importa tanto com eles. Buda não teria nenhum problema com isso. Entretanto, ele o lembraria de que em última análise você não é "você" em nenhum desses grupos. Você é ilimitado.

A sociedade não o obriga a decidir prontamente a sua identidade. Ela o deixa fuçar, fazer várias experiências e descobrir o que funciona para você. Na verdade, essas experiências *criam* o você que vai em frente e experimenta coisas novas. Mas, enquanto isso, você tem de aceitar algumas responsabilidades maiores. Se a sociedade permite que você tente coisas novas, você tem de retribuir e fazer o que precisar fazer — talvez trabalhando, talvez tirando notas altas ou talvez ajudando outras pessoas que não têm esse fantástico privilégio. Esse é o preço da liberdade, e algumas vezes esse preço parece tolher a liberdade. Não se preocupe — a liberdade ainda existe. A liberdade da juventude não pode ser tolhida porque é a liberdade de tempo. Você pode fazer experiências porque tem tempo de sobra para recomeçar. Ninguém importante vai achar que você é um fracasso só porque descobriu que uma identidade não se encaixava em você e teve coragem de experimentar outra.

Para Buda, a liberdade da juventude durou até *bem* depois da adolescência. Você poderia dizer que o seu desenvolvimento foi tardio. Ele passou toda a adolescência, até a casa dos 20 anos, em redomas cercado de prazeres. Na tradição indiana milenar, essa foi sua "fase de Estudante". Apenas com o casamento entrava-se na "Fase de Chefe-de-família". Mas Buda estendeu seu lazer também para essa fase. Ele era um adolescente crescido. Na verdade ele só fez uma opção de vida quando beirava os 30 anos, no seu grande ato de rebeldia. Quando Sidarta finalmente fez uma opção que traria conseqüências, as pessoas o consideraram anti-social, mas ele se considerava alguém que extrapola a mera esfera social. Ele achava que estava realmente *mudando* a sociedade. Para fazer isso ele tinha de assumir um papel fora da sociedade, pelo menos durante algum tempo. Essa é a escolha que os verdadeiros líderes fazem. É preciso ter visão e coragem, e muitas vezes requer as experiências da época da adolescência como base. Sidarta tinha de passar por diversas fases antes de encontrar a sua verdadeira identidade, como Buda.

Alguma vez você já ouviu alguém dizer sobre você: Ele só está passando por uma fase? Não é de enlouquecer? É claro que você está passando por uma fase. E eles também! O que é que eles pensam, que você veio pré-fabricado e pronto para aquecer como um *burrito*? Sidarta passou pelas "fases" de príncipe mimado, marido, pai de primeira viagem, humilde renunciante e fervoroso jovem *sadhu* (buscador espiritual) antes de se tornar quem ansiava ser. Ele enfrentou o egoísmo em casa, teve depressão depois de ver os três primeiros sinais, experimentou diversas emoções conflitantes com seus grupos de meditadores, mais tarde teve de fazer um grande esforço para pensar por si só — e só depois ele se tornou Buda. No entanto, esta última parte jamais teria acontecido sem as anteriores.

Nós todos somos Buda. Nós todos temos essa identidade de Buda dentro de nós, que descobriremos depois de ter passado por fracassos e encontrado um "caminho com o coração".

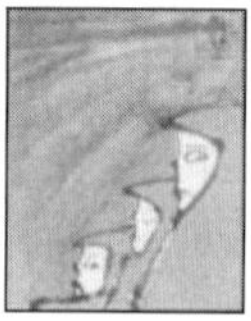

pais (super)protetores

Quase todas as crianças acham que os pais são superprotetores. O fato de se tornar consciente das restrições impostas pelos pais representa um dos primeiros sinais de crescimento. Pode-se começar a adquirir essa consciência mesmo antes da adolescência.

Em apenas uma frase, ser adolescente é deixar de ser membro da família para ser membro do mundo. Essa descrição, assim como qualquer outra resumida numa única frase, é demasiadamente concisa, mas atinge o cerne da questão. Você não deixa de ser um membro da família, mas passa a se ver numa esfera mais ampla e a sentir como é fazer parte dessa esfera mais ampla.

Tornar-se um cidadão do mundo parece um pouco grandioso, mas é exatamente o que você está fazendo. Esse é um processo lento. Você começa a atuar num contexto maior, e obviamente faz todo o sentido que seja o primeiro a perceber isso. Se você percebe primeiro, quer dizer que seus pais não perceberam. E nesse caso, não vão *agir* como se percebessem. Isso significa que é muito provável que você queira ampliar a sua esfera antes que eles estejam prontos para permitir que você faça isso, o que gera tensão e, às vezes, conflito.

Tensão e conflito são coisas distintas. Tensão tende a gerar conflito, que, por sua vez, tende a gerar mais tensão, e assim por diante. Mas embora as coisas comecem com tensão, elas *não* precisam necessariamente evoluir para o conflito. O budismo pode ser resumido nas seguintes palavras: tomar consciência da própria situação, tanto no âmbito interno quanto externo, de modo que se possa agir com eficácia e liberdade. Vamos ver como o budismo ajuda em relação à tensão gerada pelas regras estabelecidas pelos pais.

Você quer poucas regras. Você quer bastante liberdade e até mesmo perigo. Acha que pode resolver tudo sozinho. Por outro lado, seus pais querem estabelecer um monte de regras. Eles querem que você tenha menos liberdade e fique menos exposto ao perigo. Os pais acham que *eles* é que são capazes de resolver as coisas. Essa é uma situação de tensão. Na verdade, é uma situação de tensão inevitável. O que fazer?

Buda o aconselharia a ter uma visão mais geral da situação. Você está crescendo, e vai cometer erros. De fato, você precisa cometer erros — é assim que se amadurece. Ou pelo menos é assim que parecem ser as coisas do ponto em que você se encontra. Mas o seu não é o único ponto de vista; existem outros. Nesse caso, o outro ponto de vista mais importante é o dos seus pais. Eles fazem o melhor que podem para oferecer um ambiente seguro para os filhos crescerem. Isso é responsabilidade deles, e também uma expressão de amor. Se estabelecem regras é porque essa é a sua maneira de proteger os filhos de males que eles nem imaginam que possam existir. As crianças precisam dessa proteção enquanto estão em fase de crescimento; é assim que a vida é preservada.

Portanto, a situação é mais complicada do que parece a princípio. Agora aqui está a dica budista: *todas as coisas são assim*. Tudo é mais complicado do que imaginamos. Se tivermos consciência disso poderemos conter a tensão entre os diferentes centros. Dessa forma não precisamos quebrar a tensão por meio de conflito. Em vez disso, nós a aceitamos. Nenhum dos dois lados está totalmente certo ou totalmente errado de uma forma objetiva — nem mesmo o *seu* lado. A tensão que existe no seu relacionamento com seus pais protetores é inseparável do seu crescimento e do amor que eles sentem por você, e resulta desses dois fatores. Tanto o seu crescimento quanto o amor dos seus pais são coisas bonitas, e isso significa que a tensão também é bonita. Pelo menos é assim que parece ser num dia realmente bom, quando a tensão é menor, e é mais fácil ver as coisas sob esse prisma no dia seguinte. Isso é prática. Isso é sabedoria. Bem-vindo ao nirvana.

Aqui está parte de um diálogo que mantive com um adolescente budista:

Ele: "Você pode ver qualquer coisa de forma negativa."
Eu: "No casamento, por exemplo, é muito comum."
Ele: "Isso se aplica aos relacionamentos. Eu consigo perceber o que fiz de outro modo. Digamos que eu arrumei o quarto de uma pessoa qualquer. Pensei que ela fosse ficar contente. Mas ela ficou aborrecida porque achou que eu estava tirando o controle dela."
Eu: "Onde está o budismo nesse exemplo?"
Ele: "A cada ação há uma reação. Eu invadi o espaço dela e houve uma reação. [Com a ajuda do budismo] eu consigo ver de onde vem a reação. Podemos chegar a um entendimento."

É dificílimo mudar alguém. É ainda mais difícil mudar os pais, mas você quer que eles o compreendam e que aceitem a sua maneira de viver. Aqui está uma dica retirada diretamente da abertura que descrevi no último parágrafo: mostre a eles que está feliz com as opções que faz. Faça opções que revelem uma grande sensação de tranqüilidade e felicidade na sua vida. Se seus pais o amam (e a maior parte dos pais ama os filhos, mesmo que nem sempre deixe transparecer esse amor), eles perceberão isso e ficarão mais inclinados a aceitar suas opções. Se você tentar mudá-los com palavras, por mais que se esforce não vai conseguir. Eles vão ouvir, mas não vão mudar. Isso é diferente; dessa forma você dá a eles a chance de *mudar* para torná-lo mais feliz. Apesar de não poder mudá-los diretamente, você pode lançar mão dos próprios valores deles — o desejo de que você seja verdadeiramente feliz — para mudá-los de modo que fiquem dispostos a aceitar as opções que tornam você feliz — mesmo aquelas que entram em conflito com as deles.

Parece armação, mas não é. Trata-se simplesmente de ser honesto e de fazer opções positivas. Poderia também funcionar como um truque a curto prazo, embora não existam garantias. Uma coisa eu garanto: nenhuma armação funciona tão bem a longo prazo.

Como espero que você consiga perceber, os benefícios de uma abertura mental são maiores do que você pensa. Eis aqui outro benefício prático: se você mostra aos seus pais que tem capacidade de perceber esse tipo de nuança e aceita que isso significa viver com regras, com certeza vai impressioná-los com o seu grau de maturidade, e eles vão *relaxar as regras*.

É um paradoxo. (Mas isso não é nenhum problema para você, é? Eu não pensei que fosse.) Inicie o processo, e eles vão entender. É lógico que pode haver certa defasagem de tempo enquanto eles próprios passam por uma abertura mental, mas eles vão chegar lá. Se você quiser sugerir que está analisando as coisas sob a perspectiva deles para que eles tentem fazer o mesmo, tudo bem. Apenas não lhes *diga* para fazer isso. Dessa forma você não os estaria respeitando nem vendo as coisas da perspectiva deles. O budismo é bastante claro a esse respeito há 2.500 anos: Incorpore sempre a mudança que deseja no relacionamento. Você quer que haja crescimento? Então comece por você mesmo.

Você é um indivíduo complexo em fase de desenvolvimento e deve ser respeitado como tal. Os pais podem demorar a compreender isso, por mais simples que seja. Se você reagir à lentidão deles com raiva, teimosia e falta de cooperação, eles dirão que você está se comportando como criança e que não merece respeito. Infelizmente eles estarão certos. Você precisa incorporar a mudança enquanto eles aceitam esse novo ser complexo que você se tornou. Paradoxalmente, os pais podem ficar cegos aos seus esforços e ter olhos de lince para as suas falhas. (Os pais são testemunhas de que os adolescentes também são assim.)

O segredo para criar uma nova identidade familiar é lembrar que a fluidez é uma boa coisa. O próprio fato de seus pais o tratarem ora como criança, ora como adulto, mostra que o relacionamento entre vocês é flexível o bastante para crescer. Você precisa desenvolver e exibir uma nova identidade em casa — de um adolescente atencioso e responsável. Você vai se esforçar para fazer isso, mas uma identidade adolescente também inclui cometer erros e até mesmo fazer escolhas equivocadas de vez em quando. Faz parte do processo de crescimento. Quando não se pode ensaiar, logicamente ocorrem erros. O budismo reconhece esse fato e nos aconselha simplesmente a aprender com eles. Veja o Buda: ele cometeu vários erros. Ele só conseguiu a aprovação do pai depois que tinha passado pelo despertar — com 30 anos!

Será que preciso dizer que esse princípio se aplica a *todos os relacionamentos*?

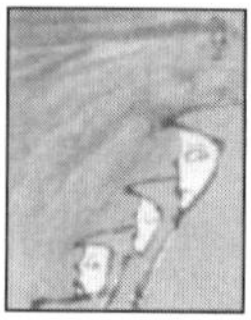

como desenvolver relacionamentos familiares

Pense no papel em constante transformação que você desempenha na sua família como uma forma conveniente de praticar filosofia. Ah, é claro, você acha que parece divertido. Bem, pense mais um pouco sobre isso: de qualquer forma o seu papel familiar sempre o leva a praticar filosofia, portanto é melhor tornar esse processo produtivo para todos os envolvidos.

O seu papel familiar está sempre contrastando *você*, o ser fundamentalmente livre que não pode ser congelado no tempo nem mesmo ser totalmente conhecido, com *você*, o ser singular que tem interesses, amigos, regras e responsabilidades. Quando se adiciona o fator tempo nessa equação, as coisas ficam ainda mais complicadas, porque essa segunda pessoa está em desenvolvimento constante. Há uma questão filosófica genuína sobre quem é você.

O budismo ajuda ao fazer sempre a pergunta: "Quem sou eu?" Lembra-se de como comparamos o ser humano com um carro? O carro basicamente não tem identidade — não em suas peças, na forma como ele foi feito, na fábrica ou no *showroom* onde ele estava exposto. A sua identidade está mais relacionada com o que ele faz, aonde ele vai, como ele avança em relação às pessoas. Assim como um carro, não somos as nossas partes, o nosso crescimento nem a nossa casa. Nós somos o que fazemos com outras pessoas, e isso sempre é novo, está sempre avançando. No entanto, também somos como esse carro em todas as suas partes. Ele não pode ir a lugar algum se estiver trancado dentro da loja.

O seu papel como adolescente está sempre evoluindo. Você está sempre se esforçando para sair de dentro das caixas em que as pessoas o colocaram. Todo mundo faz a mesma coisa com os outros, mas você vai perceber isso de forma mais clara com seus pais. Quando você quer ser livre, você está pensando de forma "básica". Assim como um carro que não pode ser definido, você é um processo. Você é aonde você está indo. Você é movimento, mudança. Você não pode ser preso no lugar. Quando os pais (ou outras pessoas) tentam rotular os filhos, eles estão raciocinando de forma "convencional". Estão dizendo que o filho é como um carro que precisa de gasolina, óleo, apólice de seguro e direção segura, porque é a soma das suas partes e das suas funções.

No que se refere aos carros, é óbvio que são necessárias as duas formas de pensar. Não deveria ser a mesma coisa com você? Você é mais complicado do que um carro, não é? É por isso que eu o convido a refletir sobre isso de uma perspectiva budista. No nível básico, você é um processo ilimitado. No nível convencional, você é uma pessoa com limites. Você está preso nessa tensão filosófica, então por que não filosofa? Tenha sempre em mente os dois níveis de verdade. A sua conscientização da tensão existente entre essas formas de pensar reflete algumas reflexões budistas sutis. A parte da filosofia propriamente dita não é importante; o importante é a abertura que essa conscientização lhe dá. A conscientização ajudará a tornar a convivência familiar aceitável por meio do conhecimento dos seus dois níveis.

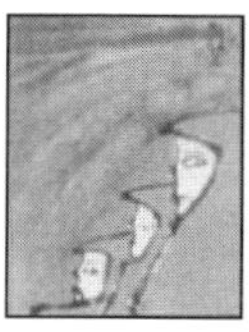

fracasso

Não tenha medo de falhar aos olhos dos seus pais. Eles sabem que é comum falhar quando se está aprendendo coisas novas e valiosas. Eles o deixaram cair quando você estava aprendendo a ficar em pé e a andar. Eles estavam certos em fazer isso, mesmo que tenha lhe causado dor, pois só assim você conseguiria aprender a ficar em pé e a andar com suas próprias pernas. Bem, eles precisam deixar você errar agora pela mesma razão. Só assim você vai aprender a andar com as próprias pernas, por assim dizer. O processo é o mesmo. Você pode lembrá-los disso quando sentir que eles o estão sufocando e impedindo o seu aprendizado. Mas lembre-se, quando você estava aprendendo a andar eles podiam deixá-lo cair porque a queda era pequena. Agora a queda pode ser equivalente a um salto de *bungee jumping* (ou talvez seja um salto *real* de *bungee jumping*).

Sempre ouço essa velha piada: "A sua vida é um teste; é apenas um teste. Se essa fosse a sua verdadeira vida, você teria recebido instruções sobre o que fazer." Ah, se fosse assim! Por outro lado, quem é que quer receber instruções do que fazer?

Buda foi malsucedido durante muito tempo, e os budistas estão constantemente fracassando na prática dessa doutrina e na sua própria vida. Reveja a definição de budismo como Caminho Óctuplo. Será que o budismo está atingindo o seu objetivo? Não, é a jornada para algum lugar (sobretudo porque "aquele lugar" é exatamente aqui, que fique bem claro), e enquanto os budistas estiverem buscando algum lugar, estarão sempre falhando. Mas, como qualquer mestre budista lhe dirá, isso não é problema. Prática, fracasso, mudança, outro fracasso, prática, fracasso — e assim por diante. Os zen-budistas repetem o seguinte refrão:

> Todo o karma ruim foi criado por mim, devido à minha cobiça, ódio e ignorância sem limites; foi gerado por meus atos, palavras e pensamentos; reconheço isso agora de forma clara e plena.

Eles recitam isso porque cometeram erros mas estão tentando se livrar deles. Como costumamos dizer, "Não esquenta, irmão". Apenas recomece.

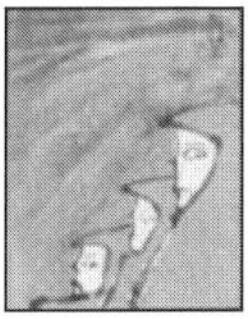

divórcio

Escrevo essas palavras ciente de que mais da metade dos meus leitores vem de lares desfeitos. Quero dizer duas coisas com isso. Quando os pais se divorciam dizemos que o lar foi desfeito. No entanto, algumas famílias em que os pais não se separaram também são lares desfeitos. São famílias em que os pais não conseguem mais compartilhar intimidade. (Não estou falando de sexo. Se alguém lhe disse que sexo é intimidade, essa pessoa confundiu as coisas.) Deve ser muito mais difícil para uma criança viver num ambiente assim do que com pais divorciados.

É difícil ser adolescente num lar desfeito. Significa presenciar brigas, testemunhar o fracasso, ver a beleza se transformar em amargura. Pode ser que o filho perca a crença no amor entre casais, e que não possa mais conversar com o pai e a mãe juntos. Provavelmente vê o pai (ou sua mãe) muito menos do que antes. Talvez esteja furioso com um deles por ter estragado tudo.

O budismo ensina que todas essas coisas são naturais. Deixe-se passar por essas experiências e sentimentos. Não há nada de errado com seus sentimentos, nem mesmo os ruins, em relação a divórcio ou lar desfeito. Lembre-se de dukkha, a Primeira Nobre Verdade. A vida é repleta de dukkha — dor, decepção, frustração, aborrecimento — porque as pessoas sempre querem que as coisas sejam perfeitas. É natural que você queira que seus pais fiquem juntos e sejam felizes. Dê um pouco de crédito a si mesmo por desejar a felicidade alheia. É natural também que você não tenha meios de fazer com que isso aconteça. Conseqüentemente, você sente dukkha. Paradoxalmente, o primeiro passo para se libertar desse dukkha consiste em permitir que ele ocorra. Lembre-se, o budismo é o despertar. Você não vai conseguir se libertar de dukkha enquanto o estiver negando.

Essa etapa pode durar bastante tempo. Quando você estiver se sentindo mal, lembre-se de que é normal sentir-se mal por algo que se perdeu, mas tome cuidado para não confundir esse sentimento com outros que não têm nada a ver. Por exemplo, não se sinta mal achando que foi abandonado por seu pai ou sua mãe depois da separação. Você não foi abandonado. Eles se separaram porque não conseguiam mais conviver; não foi por sua causa. Se não acredita em mim, pergunte a eles. Aposto que eles vão dizer que moraram debaixo do mesmo teto muito mais tempo do que imaginavam apenas porque *não queriam deixá-lo.*

Você não tem de escolher entre seu pai e sua mãe. Eles devem estar se sentindo abandonados um pelo outro. Pode ser que tentem — até mesmo inconscientemente — fazer com que você tome partido. Isso pode lhe dar uma sensação de camaradagem com um e com outro quando vocês estiverem juntos, mas a longo prazo vai causar uma terrível sensação de divisão. Em vez disso, o budismo lhe ensina a falar as coisas certas. Você não precisa criticar quando um deles estiver falando mal do outro. A última coisa que deseja é participar da briga. Quando Buda deparava com situações semelhantes, ele mantinha um "nobre silêncio". Tente. Você não precisa defender um das acusações do outro; fique fora disso. Mude de assunto, ou descubra uma maneira de sair do ambiente. Se puder fazer isso sem raiva, seus pais acabarão entendendo. Se realmente estiver com raiva, reconheça isso antes de tentar responder. Procure se controlar antes de puxar o assunto, se não tiver outro jeito. E se fizer isso, não se esqueça de que não pode mudar seus pais, portanto pense bem no que precisa dizer a eles. Talvez você simplesmente fique magoado quando um fala mal do outro. Essa abordagem sempre representa um estímulo para os pais mudarem, se puderem; também se aplica quando os pais estão juntos, mas brigando. Pode ser que eles tentem fazer você participar da discussão. Você não precisa fazer isso. Pergunte a si mesmo se isso seria bom. Senão, o melhor é ficar calado. Incorpore isso com relação aos seus pais.

> Um lar que só tem a presença de um dos pais não é um lar desfeito. Esse tipo de lar é completo e pode perfeitamente ser saudável. Lares com duas mães ou dois pais também são completos e saudáveis. Até mesmo lares em que um dos pais morreu ainda podem ser completos, não desfeitos. Tudo gira em torno do amor.

Reiterando, a abertura mental permite que você veja as coisas a partir da perspectiva do outro. Se um dos pais saiu de casa, pode ser que o outro esteja com medo de que *você também* o abandone. Ah, mas essa deve ser exatamente a sua preocupação — de ser abandonado! Esses sentimentos muitas vezes são inconscientes, mas isso não o impede de sofrer. Essa preocupação é um ḍukkha desnecessário. Livre-se dele como a cobra se livra da pele morta.

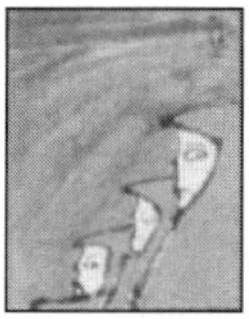

outro tipo de pais

Nem todos os adolescentes têm pais superprotetores. Alguns pais são mais omissos do que qualquer outra coisa. Esse é um problema difícil, mas de certa forma é mais simples. Significa que você está enfrentando a sua crise de identidade com poucos modelos a seguir. Você precisa se encontrar, da mesma forma que Sidarta.

Sidarta fugiu de casa. Alguns adolescentes também têm de fazer isso. Se for esse o seu caso, talvez você seja capaz de retornar, mas mesmo assim estará longe dos seus pais. Os pais de Sidarta fizeram o possível para mantê-lo preso, para impedi-lo de se tornar mais do que eles. Pode ser que seus pais não pareçam se preocupar o bastante para fazer isso. De qualquer forma, no fundo você está sozinho.

Isso é liberdade. Não é uma punição, não é uma bênção. É apenas liberdade — a oportunidade de se tornar alguém. Seja qual for a situação dolorosa que origina essa liberdade, ela permanece pura e imaculada se você puder encarar dessa forma. A sua vida é responsabilidade sua; a sua liberdade é o seu poder.

Os monges budistas desligam-se da família, e a maioria faz isso na adolescência. As escrituras ensinam os monges a se considerarem livres para vagar como um rinoceronte, soltos, sem maldade e sem arrependimentos. Assim como um monge, você tem uma oportunidade real de se libertar.

O primeiro passo será se libertar dos seus pais — não por fora, mas por dentro. Algumas páginas à frente eu falo mais sobre isso, mas agora quero me dirigir aos leitores que acham que foram prejudicados pelos pais ou por outras pessoas no passado. É difícil se desvencilhar da lembrança dessas pessoas, mas se elas realmente o prejudicaram, você tem um desafio para a vida inteira. Buda sorriria para você e lhe diria para tentar não pensar nelas como pessoas da sua família. Em vez disso, pense nelas como as pessoas confusas que elas são.

Comece com o seu próprio desejo de aliviar a dor e depois expanda esse desejo para os outros. Da mesma forma que você precisa ser feliz, todos os seres humanos precisam — até mesmo seus pais. Se você se sente triste consigo mesmo por causa da sua dor, imagine a dor *deles*. Eles têm de lidar com seus próprios problemas e, ao mesmo tempo, enfrentar as dificuldades de criar um filho. Eles simplesmente não têm forças suficientes. Você pode ficar irritado com as más escolhas que eles fizeram, mas também pode ser condescendente e compreender suas fraquezas. Sentir pena dos outros, mesmo daqueles que nos prejudicam, incorpora as maiores virtudes do budismo: sabedoria e compaixão. Ao fazer isso — apenas ao fazer isso — você conseguirá finalmente ficar livre da raiva e do medo.

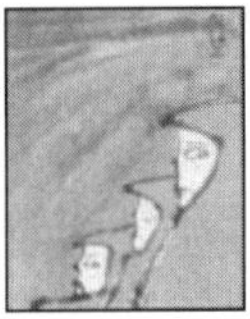

irmãos

Muitos adolescentes com os quais conversei disseram que os irmãos representam um problema, sobretudo quando eles se sentem preteridos. Nichiren, o reformador dos ensinamentos budistas, escreveu: "Se um casal tem sete filhos e um fica doente, apesar de amarem todos os filhos com a mesma intensidade, os pais pensam mais na criança doente." Não parece justo, não é? Jesus fez uma afirmação semelhante quando falou sobre o filho pródigo — uma dor de cabeça constante, mas quando retorna ao lar arruinado e devasso, o pai lhe oferece uma grande festa. Os irmãos "bons" que tinham ficado em casa com a família não ficaram nada contentes com *isso*. Da mesma forma, provavelmente você vai ficar irritado se achar que é um bom filho e, no entanto, vi seu irmão ser o alvo de toda a atenção.

Para lidar com essa situação, primeiro procure ter uma visão geral. Seus pais não o amam nem mais nem menos do que a seu irmão que está recebendo mais atenção. Eles o amam *de forma diferente*. Talvez seu irmão esteja doente — talvez fisicamente, como na história de Nichiren, ou, quem sabe, emocionalmente, como na história de Jesus. Como diz Nichiren, Buda pensa nas pessoas ruins da mesma forma que os pais pensam mais no filho doente. O Deus de Jesus age do mesmo modo: Deus dá uma festa para acolher a ovelha perdida, mas parece ignorar as ovelhas que nunca se extraviaram. Isso não significa que Buda nem Deus nem seus pais o amam menos quando você não está sendo uma boa pessoa. Significa que são *forçados* a mostrar o seu amor de formas visíveis para todos aqueles que não estão sendo bons.

Pense no modo como eles realmente mostram esse amor. Pense no tipo de atenção que os irmãos problemáticos na verdade recebem. Quase sempre são de vários tipos. Falando sério, é isso o que você quer? E em relação aos seus irmãos? Você quer ser como eles? Será que esse é um preço justo a pagar pela atenção que eles recebem?

O budismo diz para você não comparar o que você recebe com o que os outros recebem. Sempre haverá pessoas que recebem mais do que você, quer sejam seus irmãos, os filhos do presidente ou outra pessoa qualquer. Deixe-me repetir: vai ser *sempre* assim. Buda sugere que você repense sobre as coisas. Se a sua queixa é de que *sempre* há essa situação injusta, então você criou uma infelicidade *permanente*. Opa. Buda sempre perguntava aos seus discípulos: "Será que isso faz sentido? Será que isso leva à calma, à tranqüilidade, à felicidade?" E eles invariavelmente tinham de admitir que, bem... quer dizer... não.

Procure olhar para si mesmo, para os seus próprios relacionamentos. É aí que a felicidade já existe — e também onde já existe dukkha. Isso não se aplica simplesmente a rivalidades. Veja o hábito de procurar defeitos. Muitas pessoas querem descobrir defeitos no mundo. Elas enxergam no mundo a raiz da sua própria frustração, raiva, depressão ou tristeza. Mas nossos sentimentos são sempre frutos dos nossos atos. Isso se aplica de modo geral, mas aplica-se ainda mais em relação a ver defeitos nas pessoas. Onde você vê mais defeitos? Em seus irmãos, é claro, porque no fundo eles são muito parecidos com você, mesmo que num nível superficial sejam radicalmente diferentes.

O mais extraordinário é que procurar defeitos, na realidade, até que é útil. Não que possamos mudar as pessoas comunicando-lhes seus defeitos (isso quase nunca funciona), mas porque os defeitos que você descobre em seus irmãos muitas vezes são os seus próprios defeitos projetados onde eles são identificados com mais facilidade. É como a velha piada do sujeito que perde as chaves num ponto escuro na entrada da garagem, mas procura sob a luz do poste porque lá está muito mais iluminado. É a mesma coisa. Portanto, quando ficar frustrado com o defeito de um irmão — ou de qualquer outra pessoa —, aproveite a oportunidade para fazer uma reflexão. Respire fundo e gire o microscópio. Procure esse defeito em você. Se o está incomodando *nele*, espere encontrá-lo *em si mesmo*. *Nossos* defeitos, nós podemos mudar. Portanto, tire vantagem dos defeitos dos seus irmãos; use-os em proveito próprio.

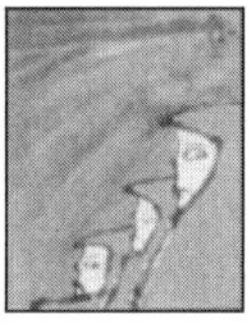

como se livrar da família

Começamos o capítulo falando dos relacionamentos familiares e do que significa tornar-se um adolescente; portanto, vamos encerrar falando sobre deixar a adolescência para trás enquanto se prepara para sair de casa. No final, para se tornar você mesmo, você precisa se libertar dos seus papéis anteriores. Isso inclui o seu papel familiar. Ele tem de mudar, não importa o quanto seja cômodo. Você tem de se libertar dos seus pais; eles não o controlam, e a sua antiga maneira de ser com eles deixa de funcionar quando você sai de casa. Eles nem mesmo vão *prepará-lo* para sair de casa.

Para ter liberdade e desfrutar os prazeres do mundo, você precisa aceitar a si mesmo e descobrir uma noção de identidade. Para isso, precisa também aceitar suas raízes, sua família, sua origem. Quando você compreender que sua família fez o melhor que pôde, poderá seguir em frente. Isso não quer dizer que você tem de acreditar que teve a melhor família do mundo, mas apenas que eles fizeram o que podiam, dadas as suas limitações.

A aceitação dos seus pais permite até mesmo que você os veja em si mesmo sem ter de *ser* eles. Por mais que você ame seus pais, você não quer ser igual a eles; você quer ser você mesmo. Resta uma continuidade: o seu eu ainda deve muito aos seus pais. E é exatamente essa continuidade que você precisa reconhecer. O físico Isaac Newton (que, a propósito, não era budista) disse o seguinte a respeito de suas descobertas: "Se consegui enxergar mais longe foi porque eu estava sobre os ombros de gigantes." Você vai enxergar mais longe do que seus pais se for suficientemente sábio para se apoiar nos ombros deles. Enxergando mais longe, você é inseparável daqueles que o criaram, mas também está livre da perspectiva deles. Você tem de se libertar para fazer suas próprias descobertas.

Ao ver as coisas sob esse prisma, você estará usando o budismo para ajudar a si mesmo. Você pode ficar livre do passado, muito embora vocês sejam inseparáveis. Obviamente isso é complicado. É por isso que monges e monjas abandonam por completo sua antiga identidade. Eles tentam recomeçar — mas nós, chefes de família — isto é, todos nós que vivemos pelo mundo afora — temos de aceitar a nossa continuidade com o passado sem nos deixar aprisionar. Lembre-se de perguntar a si mesmo quem é você. Você *tem* um passado, mas você *é* o que você faz neste momento. Isso se aplica a diversas áreas da sua vida: suas opções de carreira, suas opções educacionais, suas crenças políticas, até mesmo a sua vida amorosa. Talvez especialmente a sua vida amorosa.

O fato é que você não vai conseguir ter uma relação íntima plena com outra pessoa se ainda tiver questões pendentes com seus pais. Você só vai conseguir essa intimidade quando estiver realmente *com* alguém, vendo quem é essa pessoa e sentindo o que ela sente. O problema é que é dificílimo fazer isso. Para ter um relacionamento honesto e íntimo é preciso várias coisas, e todas estão em escassez. Falarei mais sobre isso mais tarde. Vou mencionar apenas uma agora: privacidade. Intimidade requer privacidade. Não privacidade exterior — embora certamente ajude. Refiro-me à privacidade interior.

Se você estiver envolvido demais no relacionamento dos seus pais e no seu relacionamento com eles, quando tentar ter seus próprios relacionamentos vai acabar levando seus pais junto para o quarto. É gente demais. Você estará fadado a reviver o seu relacionamento com eles em vez de criar novos relacionamentos que sejam verdadeiramente seus. Tem uma conhecida máxima da psicologia que diz: sem esforço, criam-se relacionamentos muito parecidos com os que se aprendeu em família. Se os relacionamentos foram positivos, será fácil criar outros. Se foram negativos, será preciso se esforçar para assumir o comando e mudar as coisas.

Para tirar seus pais do quarto, diga adeus a eles. Aceite seus pais e o que eles fizeram com você — *mesmo que você não goste* — para que não tenha de levá-los para seus novos relacionamentos. Assim como acontece em tantos aspectos da vida, a aceitação é importantíssima. É fácil quando a vida familiar é harmoniosa. É difícil quando a vida familiar é cheia de conflitos. Reiterando, é uma questão de vacuidade ou abertura: deixar que seus pais sejam quem eles são, e deixar que você mesmo se torne quem você vai se tornar. As palavras abaixo são do mestre zen Linji:

> Quer seja interna ou externamente, seja o que for que você encontre, mate! Se encontrar um Buda, mate o Buda.
> Se encontrar um antigo mestre, mate o antigo mestre.
> Se encontrar uma pessoa desperta, mate a pessoa desperta.
> Se encontrar seus pais, mate seus pais. Se encontrar a sua família, mate a sua família. Então, finalmente, você estará livre, desembaraçado, capaz de ir aonde quiser.

Observe que Linji menciona pessoas que respeitamos ou amamos. Então, o que ele quer dizer com matá-las? Ele quer dizer para você tirá-las do quarto. Ele quer dizer para você se desembaraçar a fim de ficar livre para ser você. A matança de Linji não é física, não importa a fantasia furiosa que você possa ter! Até mesmo a raiva lhe impõe limites. Apenas a abertura vai deixá-lo ir aonde você quiser.

QUESTÕES ESCOLARES

Todas as manhãs Ruiyan gritava: "Mestre!" E respondia: "Sim!"
Então ele dizia: "Fique atento, fique alerta, e respondia:
"Está bem!"
"De agora em diante, não se deixe enganar por ninguém!"
"Está bem, está bem!"

WUMENGUAN

Assim como a autodescoberta às vezes levava a brigas quando você tinha dois ou três anos, também leva a brigas quando você tem doze ou treze. No começo da adolescência, você precisa ter uma noção de quem você é tanto no âmbito familiar quanto fora dele, e é por isso que o grupo de amigos é tão importante. Com sua roda de amigos, seu grupinho ou a sua turma você tem a oportunidade de ficar na companhia de pessoas como você. Eles permitem que você se veja pelos olhos alheios e que se enquadre nessa imagem. Depois que você entra para a escola secundária, você não acha mais tão importante ser igual aos outros. A sua identidade no seu grupo de amigos torna-se mais individualizada à medida que você compreende melhor o que faz você ser "você". Isso requer tempo, esforço, honestidade e discernimento.

As experiências privilegiadas de Sidarta na escola sem dúvida nenhuma foram muito diferentes das suas e das minhas. No entanto, existem semelhanças impressionantes entre a educação do futuro Buda — dentro e fora da sala de aula — e a sua. Sidarta escolheu a sua nova identidade e realmente a incorporou, mas durante anos essa identidade não funcionou. Ele tentou se adaptar e obteve êxito externamente, mas não se sentia realizado. Ele era como uma aluna novata que consegue se inserir no grupo mais legal da escola e andar a tiracolo com as meninas mais badaladas, mas percebe que não está feliz. Muitos de nós não conseguimos mudar a nossa mente e a nossa identidade quando estamos aprisionados dessa maneira. Sidarta conseguiu. Ele viu que estava num grupo que se importava demais com as aparências e muito pouco com o comportamento que exibiam — e caiu fora. Ele passou de grupo em grupo até perceber que não se sentia bem *interiormente* em *nenhum* deles. Ao perceber isso, descobriu a sua identidade. Ele fez um lanche, sentou-se e foi tomado por uma iluminação insuperável, suprema e perfeita.

Por fim, esses relacionamentos com a turma de amigos e os colegas de escola são *impermanentes*. Até mesmo a longa convivência social na escola dura apenas alguns anos, depois termina. Mas *você* vai continuar a crescer e a mudar. Assim como Sidarta, vai passar por muitos grupos e seguir em frente. Quando a situação representa um problema, lembre-se, ela passa.

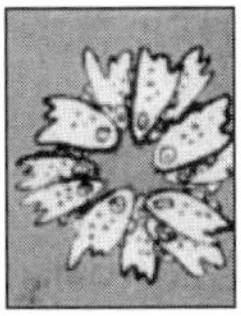

drama

Uma garota que cursava o primeiro grau me disse o seguinte sobre a sua escola: "É como se eles precisassem de um novo drama todos os dias!" Essa declaração provocou uma risada geral e um grande coro de concordâncias. Que pressão é essa por dramatização?

É na escola que os adolescentes passam a maior parte do tempo, muito mais tempo do que com a família e, portanto, muitas vezes é nesse ambiente que você tem de descobrir quem você é e quem você não é, quem você quer ser e quem não quer ser, o que você quer e o que não quer fazer. Existe uma curva de aprendizado, e assim como para aprender a jogar um *videogame* ou dirigir um carro, é preciso experiência. E é aí que entra o drama. Ele proporciona experiências mais intensas e, conseqüentemente, conduz a um maior aprendizado. Obviamente essas experiências nem sempre são divertidas.

Eis o que o budismo nos diz sobre o drama mais comum, os comentários cruéis: "A pessoa certamente nasce com uma machadinha na boca, com a qual se corta quando fala tolices."

Você sabe exatamente do que Buda está falando, não sabe? Todos nós fazemos isso, adolescentes e adultos, embora talvez as adolescentes ganhem disparado! Amo muito minha esposa e, no entanto, freqüentemente a magôo com palavras, e assim que isso acontece sua dor se torna minha dor. Não apenas porque sinto a dor dela, a quem magoei, mas também porque ela revida. Nós dois acabamos usando a boca como armas de guerra, com resultados previsíveis, até nos calarmos. Fico triste por dizer que demora um pouco para calar a boca. Fico feliz por dizer que isso realmente acontece, e cada vez mais rápido, à medida que praticamos.

Na adolescência eu realmente não sabia quando parar. As pessoas me pediam para ser "honesto", e eu era. Uma vez que eu tinha começado, eu me preocupava muito mais em terminar de falar do que com os sentimentos alheios. Meu machado ficava balançando até cortar todo mundo que estava por perto com a verdade. Sim, era verdade, mas também era tolice e prejudicial. Não é difícil ser cruel com a verdade, o que não traz nenhum benefício. Ao fazer isso, estamos indo diretamente contra os conselhos de Buda.

Se a verdade pode ser tola, as mentiras e os mexericos são piores. Eu nunca fui um bom mentiroso, mas sei muito bem fazer mexericos. Quando usamos as palavras para dizer mentiras ou contar mexericos, *todas* elas são tolas. É ainda pior do que a honestidade tola. Não existe nenhuma desculpa para agir dessa forma.

Está bem, está bem, cale a boca! você pode estar dizendo nessa altura. Não seja honesto demais. Tudo bem, vamos passar para um conselho mais concreto de Buda. Ele não se referia apenas às palavras tolas, mas também às palavras sábias. O princípio nesse caso é a linguagem correta, uma das três partes da moral budista da qual mencionei na Primeira Parte.

Segundo as palavras de Buda, eis como praticar a linguagem correta:

> Se não for verdade, se não trouxer benefícios e for desagradável,
> não diga.
> Se não for verdade, se não trouxer benefícios e for agradável,
> não diga.
> Se for verdade, mas não trouxer benefícios e for desagradável,
> não diga.
> Se for verdade, não trouxer benefícios e for agradável,
> não diga.
> Se for verdade, benéfico mas desagradável,
> saiba quando dizer.
> Se for verdade, benéfico e agradável,
> saiba quando dizer.

Siga esses conselhos, e não correrá o risco de errar. Você vai se surpreender falando menos e se comunicando mais. Você vai conversar menos fiado e falar coisas mais importantes. As pessoas vão começar a levá-lo mais a sério. Elas vão concordar com a cabeça quando você estiver falando. Quando houver alguma discussão, vão pedir a sua opinião. As pessoas vão começar a dizer coisas a seu respeito como "Águas silenciosas são mais profundas" ou "O que ele diz é prata, o que ele cala é ouro" ou talvez "Puxa, como ele é inteligente".

As duas grandes virtudes do budismo são sabedoria e compaixão. Para seguir o conselho de Buda, é preciso ter ambas. Comece com a sabedoria, que lhe diz o que é verdade e benéfico. Essas são as coisas que valem a pena ser ditas. Sabedoria não é algo que se aprende, é algo que se tem e se sente. Na verdade, às vezes é preciso *des*aprender as coisas para entrar em contato com a sabedoria.

Tente ver as coisas da perspectiva budista. Reflita sobre as outras pessoas. Pense a longo prazo. Lembre-se de que a satisfação dos desejos de curto prazo nunca vai torná-lo profundamente feliz nem satisfeito com a vida. Respire fundo. Olhe dentro de si, onde é calmo. Medite sobre isso. Esse é o caminho para a sabedoria, seja qual for a sua situação individual.

Algumas vezes você não vai ter certeza do que é a "verdade". Isso é bom. Ter consciência daquilo que não se sabe é um sinal de sabedoria. O mestre zen Shunryu Suzuki escreveu um belo livro chamado *Zen Mind, Beginner's Mind* [Mente Zen, Mente de Iniciante]. Nele, Suzuki tentou nos dizer para manter a "mente de iniciante", a mente que não está repleta, mas sim sempre aberta e pronta para receber. Essa também é a verdadeira "mente zen"; as duas são a mesma coisa.

> Esse negócio sobre desaprender é literalmente verdade. Eu "sabia" muito mais no colegial do que sei agora, e freqüentei a escola por onze anos! O verdadeiro aprendizado transforma as respostas em perguntas. As respostas o fazem estagnar. As perguntas o fazem crescer.

Se você não tem certeza de que é verdade, não precisa falar. Se realmente está certo de que tem algo verdadeiro e benéfico para dizer, lance mão da sua segunda virtude — a compaixão. A compaixão o ajuda a saber quando dizer a verdade, pois esse sentimento está relacionado com o outro, e não com você. Também não tem nada que ver com o que você tem a dizer, por mais que seja verdade. A compaixão analisa a outra pessoa, o ouvinte, e sente se é o momento certo para a pessoa ouvir a sua verdade. *Você* não importa. A verdade também não importa se a pessoa não estiver pronta para ouvi-la, pois ela *não vai* ouvi-la. Quando há compaixão, a outra pessoa é que importa.

Coloque-se no lugar do outro. Sinta seus sentimentos. Sinta suas necessidades. Se fizer isso, saberá quando ele precisa ouvir algo agradável e quando está preparado para ouvir algo desagradável. Naturalmente o primeiro caso ocorre cem vezes mais do que o segundo. Mas não fique frustrado, porque simplesmente não tem sentido tentar dizer a alguém coisas que ele não consegue ouvir. Seja paciente.

Você sabia que a paciência é uma das "dez perfeições" no budismo? E pode ser difícil ter paciência. Essa é outra qualidade que se origina da compaixão, que o deixa aberto para aceitar seus defeitos e os defeitos dos outros. Com essa aceitação vem a paciência, a capacidade de ficar calmo enquanto as coisas se ajeitam.

Falando de calma, pode ser que você não se sinta calmo quando fica quieto, sobretudo quando está rodeado por pessoas que estão conversando sobre coisas mesquinhas ou tacanhas. Nesse caso, você precisa ficar consciente desses sentimentos e perguntar a si mesmo se vale a pena andar na companhia dessas pessoas. De duas uma, ou você vai se surpreender falando sobre coisas mesquinhas ou vai se sentir frustrado porque não consegue agir dessa maneira. Pergunte a si mesmo se vale a pena. Não existe uma resposta certa ou errada. Buda não lhe diz o que fazer, tampouco eu. Apenas pergunte a si mesmo.

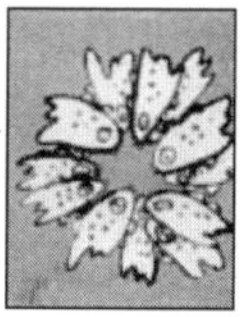

grupinhos e valentões

Esses fenômenos estão claramente relacionados com o "drama" da linguagem errada. É nos grupinhos que se formam na escola que ocorre a maior parte da linguagem errada. Os valentões sempre usam a linguagem errada, embora muitas vezes se concentrem mais na conduta errada. O budismo oferece abordagens distintas para lidar com ambas as situações.

Quando você está do lado de fora, eles agem como provocadores, intimidadores, perseguindo-o porque você é diferente. Mas o estranho é que quando você *faz parte* de um deles, a coisa muda de figura. O fato de pertencer a um grupo lhe dá uma sensação de identidade. Além disso, faz você se sentir seguro, compreendido e em igualdade de condições com os outros. Nós *precisamos* disso quando somos adolescentes — e, na verdade, durante toda a vida — portanto, não vou condenar os grupos. De fato, o próprio budismo pode ser visto como um grupo. E até mesmo dentro do budismo existem grupos — as diferentes escolas budistas, o grupo de monges e monjas e o grupo supremo de mestres despertos.

O budismo sempre insistiu para escolhermos nossos grupos com sabedoria. Observe como eles tratam as pessoas que estão de fora. Eles são humanos e compreensivos com os outros? Eles não precisam fazer boas ações o tempo todo, tampouco precisam ser instituições de caridade. Estamos falando de escolher grupos para fazer parte! A questão é: será que pelo menos eles são neutros em relação às pessoas de fora ou são cruéis? Por mais legal que um grupo pareça, se ele for cruel, essa crueldade vai repercutir em você. Se você andar na companhia de porcos, vai começar a cheirar mal. Como diz Buda:

> Apesar de você ser bom,
> se você andar com pessoas ruins
> vão achar que você também é ruim.
> Você adquire má fama.
> Você fica igual às pessoas com
> com as quais fez amizade,
> com as quais anda,
> porque a convivência torna as pessoas iguais.
>
> ITIVUTTAKA

Optando por andar em boa companhia, você vai se tornar uma pessoa melhor sem nem mesmo precisar se esforçar para tal. Tire partido disso.

Além do mais, vai ajudá-lo a aceitar as pessoas diferentes. Na verdade, *todo mundo* é diferente. Um adolescente budista me disse que o budismo

> *...ajudou a acabar de vez com a minha mania de julgar os outros porque eles não tiveram o que eu tive, porque eles não se parecem comigo, nem fazem parte da minha turma; comecei a mudar o meu comportamento em relação às pessoas diferentes de mim, e com meu exemplo eles percebem que é possível se harmonizar e ainda assim tratar bem os outros. Na verdade a gente faz mais amizades agindo assim. Que idéia genial.*

Reiterando, parece que algumas pessoas adoram ser cruéis. Presumo que você não seja desse tipo. Se fosse, não estaria lendo este livro. Certamente não teria chegado a este ponto! Pode ser que magoe as pessoas de vez em quando, mas todos nós magoamos, e isso não o torna um brutamontes. Brutamontes é uma pessoa que é tão infeliz consigo mesma, que descarrega sua tristeza e raiva em outras pessoas. Os brutamontes não se sentem mal quando agem assim — pelo menos conscientemente.

É no seu modo de agir com as pessoas mais fracas que você descobre o seu verdadeiro caráter. É nesse aspecto que você é posto à prova. Você se sente mal quando fere os mais fracos ou os animais? Se se sente, é bom sinal. Deixe esse mal-estar torná-lo consciente das suas ações. Muitas vezes, a princípio você não sabe de onde vem esse mal-estar. Não tenha medo dele. Analise-o. Tente descobrir suas raízes. Se descobrir que se sente assim porque magoou alguém, não fique com raiva nem deprimido — desse modo você estaria prejudicando a si mesmo! Que bem isso faria? Em vez disso, apenas faça uma observação mental de que descobriu uma ação que causa sofrimento a alguém. Reflita sobre a possibilidade de não fazer isso de novo. Reflita sobre a possibilidade de revelar à pessoa que você magoou que você fez essa descoberta. Mas não é necessário fazer isso, e obviamente é impossível saber se a pessoa está pronta para ouvir essa confissão. É assim que funciona a linguagem correta.

Agora, como lidar com os verdadeiros valentões, os que magoam de propósito? Eu nem sei se o termo "valentões" é forte o bastante para classificar algumas dessas pessoas. Elas acabam se transformando em brutamontes, escroques, bandidos e até mesmo assassinos, mas vamos chamá-los apenas de valentões. Aqui está a primeira dica budista: Você *não* vai mudá-los. Se estivessem prontos para mudar após um rápido confronto com você, já teriam mudado. Se estão tão confusos que se tornaram valentões, tudo o que você tem a fazer é agir com inteligência e esperar que eles compreendam. Agir com inteligência significa, em primeiro lugar, deixá-los de lado.

Se *eles* decidirem agir contra *você*, você pode sair machucado. Essa é a pura verdade. Aconteceu comigo, com pessoas que amo, com todo mundo. Um adolescente amigo meu foi parar no hospital por causa de um bando de valentões no ano passado. Ele não estava tentando mudá-los, apenas estava no lugar errado na hora errada. Era como estar numa casa em chamas. Ele simplesmente caiu fora o mais rápido possível. Às vezes pode-se fazer isso fugindo, outras vezes só sendo nocauteado. Confie nos seus instintos para se proteger. A maioria dos provocadores não quer um confronto físico. O que eles gostam é de exercer poder sobre as pessoas. Se você revidar, pode ser que procurem alvos mais fáceis. Além disso, se eles realmente estiverem a fim de brigar, pode ter certeza de que eles sabem que vão ganhar. Afinal de contas, eles têm muito mais prática. Você está numa casa em chamas; apenas dê o fora. Você vai se queimar, vai sair machucado. Não tenho um manto mágico budista para protegê-lo. O budismo não tem nada que ver com mágica. O budismo diz respeito a afastar o dukkha, a ser feliz.

Quando você se queima num incêndio, sente dor, mas não complica as coisas ficando irritado com o fogo. Os valentões são como o fogo. Ficar com raiva deles é como ficar com raiva do fogo porque ele queima. Isso só contribui para aumentar o seu dukkha. Desista. Vá em frente. Incêndios acontecem, e valentões batem em pessoas. Toque a sua vida. Aqui está a verdadeira sabedoria budista.

Uma adolescente budista escreveu o seguinte no seu diário:

> *Muitas vezes eu me sinto como se ainda estivesse sendo intimidada. Mas agora sinto-me extasiada. Encontrei algumas fotografias da menina que costumava me intimidar e, em vez de me sentir pequena quando olhei para ela, fui capaz de superar tudo. E posso ver que ela é apenas um ser humano como eu e que está tentando ser feliz da melhor maneira que sabe. É lógico que eu odiava a forma como ela me fazia sentir, mas agora sinto uma maior conexão com ela — sei que no fundo todos nós temos a mesma natureza de Buda. Portanto, agora tenho consciência disso e não deixo minhas emoções obscurecerem minha mente sempre que a vejo.*

Ela adotou medidas internas e mudou a situação. O budismo permitiu que ela superasse o problema. Você pode tomar medidas externas também, mas essa é uma escolha pessoal. Não é nenhum tipo de obrigação. Você pode dizer a um valentão para crescer, embora provavelmente isso nunca vá acontecer. Pode pedir ajuda às autoridades. Pode ignorá-lo. Pode tentar ensinar essa pessoa com um exemplo. Se preferir essa última opção, use isso como uma lição para si mesmo. Assim você tem certeza de que não está perdendo o seu tempo. Fique atento quando estiver com um verdadeiro valentão: Qual é a lição? Enfrentar o medo? Sentir raiva? Quem está aprendendo? Alguém está aprendendo?

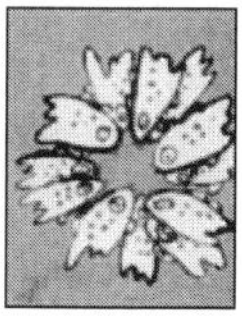

lição de casa

Eu não saberia dizer quantos adolescentes já se queixaram para mim das tarefas escolares. Essa é uma grande fonte de pressão — não tanto por não conseguirem fazê-las, mas porque a quantidade é muito grande. Já me disseram várias vezes que os professores não levam em consideração a vida dos alunos fora da escola quando passam lição de casa. O que fazer?

Essa é uma questão de gerenciamento de tempo, pois os seus sentimentos e as suas ações com relação às tarefas escolares não vão alterar a quantidade de dever que os professores passam. Talvez fosse melhor considerar os professores como valentões! Eles não vão desaparecer, e você terá de tirar o melhor proveito da situação. Na verdade, o budismo tem uma mensagem básica: tire o melhor proveito de todas as situações. No que se refere às lições de casa, isso significa que você está despendendo o seu tempo de forma inteligente.

Os alunos de segundo grau e, nos dias de hoje, até mesmo os de primeiro grau, operam sob tremenda pressão de tempo. A quantidade de tarefas é maior do que o tempo para fazê-las com perfeição, portanto é preciso aprender a economizar. Mas 2.500 anos de sabedoria budista dizem que "não se pode economizar no aprendizado, e para aprender é preciso se concentrar". Sim, provavelmente você tem de passar menos tempo estudando do que acha que precisa. Faça essa opção se for preciso. Mas quando estiver estudando, *estude de verdade*. Concentre-se. É possível ser rápido sem ser apressado. Como? Focando a sua mente. Os budistas (e muitas outras pessoas) chamam isso de concentração. Pratique bastante, e você poderá atingir a "mente unidirecional" e mergulhar num estado avançado de meditação profunda e serena. Mas não é isso o que você está querendo nesse caso. Neste momento você precisa apenas se concentrar no dever de casa.

Tente fazer esse exercício quando se sentar para fazer a lição de casa. Comece deixando de lado outras preocupações. Caso surjam, identifique-as, aceite-as e depois coloque-as de lado. Você pode retomá-las mais tarde; não pense nelas agora. Não finja que elas não existem — não as explore. Em vez disso, concentre-se na visão de um objeto simples ou na sua respiração. Deixe que preencha a sua mente lentamente. Depois volte à conscientização normal e passe diretamente para os deveres de casa. Essa não é uma meditação plena, apenas uma forma de explorar a sua capacidade de concentração — exatamente o que você precisa para fazer suas lições.

Algumas pessoas acham que as tarefas escolares são chatas, e é por isso que são difíceis de fazer. Está bem, são difíceis, mas mesmo assim você tem de fazê-las. O negócio é o seguinte: se você colocar na cabeça que as lições de casa são chatas, automaticamente elas vão ser chatas, por causa do seu preconceito. Esse é um comportamento tolo, porque ainda assim você terá de se sentar e fazê-las. O budismo tem uma outra maneira de pensar sobre o tédio.

"Se você acha alguma coisa chata, vai achar tudo chato." Esta é a maneira de pensar do mestre zen Dogen — uma nova concepção do termo chato. (Dogen está sempre nos surpreendendo com suas novas concepções.) A chateação vem de dentro para fora, e não de fora para dentro.

Por que você fica chato quando está chateado? Porque você ergue uma barreira entre você e a sua vida. É claro que algumas coisas são mais interessantes que outras, mas literalmente *qualquer coisa* pode ser interessante se você estiver preparado para torná-la interessante. Em contrapartida, quando você está chateado, é porque na verdade está chateando a si mesmo e ao mundo. Pense em "chatear" como verbo, e não como adjetivo. Chateado não significa "embotado". Estar chateado significa estar minando a vida da própria vida. Que coisa mais terrível para fazer consigo mesmo. Se você está chateado, pergunte a si mesmo por quê. Sente-se tranqüilamente e deixe que a resposta venha de dentro. Não a procure, apenas deixe-a emergir. O resultado será uma conscientização daquilo que você mais gostaria de estar fazendo, ou da raiva que sente por estar aqui preso, ou do seu conflito com o professor que lhe deu a lição de casa, ou talvez apenas da raiva que está sentindo. Seja o que for, não é parte da situação exterior; é parte da situação interior. Isso significa que você pode se livrar desse sentimento se tiver disciplina mental. Quando você identifica seus sentimentos, começa a ter controle sobre eles. Não se entregue a eles, apenas identifique-os. Depois você pode voltar à situação externa com mais energia.

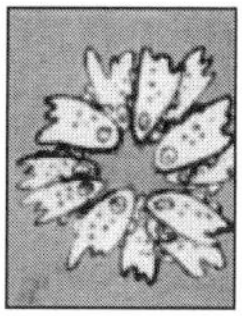

notas escolares

A finalidade declarada da escola é transmitir conhecimentos e habilidades para que se possa obter êxito na sociedade. No primeiro e no segundo graus, o aprendizado é medido pelas notas. Embora essa não seja a melhor forma de avaliar as coisas mais importantes que aprendemos na escola, as notas realmente medem (de modo bastante grosseiro) o progresso acadêmico, e por esse motivo os estudantes costumam se preocupar com elas.

As notas são um recurso externo utilizado para medir o progresso interno que nunca pode ser adequadamente expresso de uma forma que os professores possam avaliar. Por essa razão, são uma droga mesmo. Mas os seus objetivos internos, como entrar na faculdade, podem depender de boas notas e, portanto, elas são uma droga importante, e você deve se preocupar com elas e preservar os dois lados dessa tensão.

O desejo de tirar notas altas é um desejo de obter algo genuinamente bom. Esse tipo de desejo ainda pode conduzir ao dukkha e, portanto, é perigoso, mas não inerentemente danoso. Contanto que você consiga tentar satisfazer o seu desejo sem ficar apegado às realizações, tudo bem.

É fácil falar, mas fazer é difícil, não é? De fato, esforçar-se para obter o que se deseja sem se apegar ao resultado é a meta prática do budismo, portanto não espere sucesso absoluto.

Entretanto, algum grau de sucesso não é apenas possível, mas sim praticamente certo se você conseguir se lembrar de que o fato de alcançar seus objetivos (como entrar na faculdade) não vai satisfazê-lo plenamente. A satisfação verdadeira vem quando você está avançando no caminho, saboreando plenamente o momento presente desse progresso. Fique orgulhoso das suas notas como manifestações duradouras da sua jornada, mas lembre-se de que o mais importante é o momento em si.

Uma adolescente budista me disse o seguinte: "Se você simplesmente ficar sentado durante todo o dia, se passar a vida sentado, não vai obter êxito, não vai conseguir nada." É preciso que haja equilíbrio entre a aceitação e os objetivos. Fiquei imaginando se esse equilíbrio é proporcionado pelo budismo. Ela disse: "Pode ser algo que sempre tive, mas o budismo me deu essa conscientização."

O SEU CORPO

> Seguidores do caminho, a verdade de Buda não requer esforços heróicos. Seja apenas normal, sem tentar agir de nenhuma forma especial. Vá ao banheiro, vista-se, alimente-se e deite-se quando estiver cansado. Os tolos riem, mas os sábios sabem do que estou falando.
>
> MESTRE ZEN LINJI

Já falamos sobre a identidade do mundo exterior. Agora vamos falar sobre identidade dentro do próprio corpo. É claro que o ambiente, o corpo e a mente nunca podem ser completamente separados. O ambiente externo, o corpo físico e o mundo interior concriam-se mutuamente. Ainda assim, é bom separá-los de vez em quando para analisar com maior clareza cada um deles. Lembre-se apenas de que na vida real eles estão reunidos de uma maneira totalmente budista.

A identidade pessoal surge da noção que se tem do próprio corpo. Começamos desse centro e passamos para a parte externa. Esse processo é iniciado a partir do nascimento. De fato, a primeira noção que temos do eu está ligada à nossa experiência global. Não sabemos realmente onde começa e termina o nosso corpo. A maioria de nós não se lembra dos mistérios do primeiro ano de vida, mas podemos vê-los sempre que observamos a admiração de um bebê diante dos movimentos da própria mão ou da mãe. Ao longo dos anos você aprendeu que o principal limite físico é a pele. Dentro desse limite está "você"; fora, está "o mundo". Mas essa regra é um pouco vaga. Quando você ingere alimentos, por exemplo, esses alimentos se tornam "você" assim que são colocados na boca? E por acaso são "você" quando estão prestes a sair do outro extremo do seu corpo? Se disser que não, eu posso entender... mas então como você explica a forma como as pessoas crescem? Na verdade, o alimento que você ingere realmente se torna "você". Você o transforma no seu próprio corpo.

Muito bem, vamos voltar à questão da identidade. Você aprendeu bem cedo que, grosseiramente, "você" é o seu corpo. Mas com o tempo o corpo muda. Logo você aprende que está crescendo. Na verdade, quase todas as crianças têm pressa de crescer, sobretudo por volta dos 10 ou 12 anos de idade. Se você está com pressa, pode ficar contente: os meninos estão atingindo a puberdade mais cedo do que nunca. As meninas estão ficando menstruadas um ano e meio mais cedo do que cem anos atrás; e aos 18 anos os meninos já atingiram a sua estatura final, e não aos 24 como há apenas cinqüenta anos.

Mesmo assim leva algum tempo, e as mudanças nunca são perfeitas. Você atinge a puberdade pronto para ter o corpo perfeito, longo, esguio e sarado que está acostumado a ver em propagandas. Mas para cerca de 98% das pessoas isso não acontece. Talvez você não se preocupasse muito com isso quando era mais novo, mas agora *realmente se importa*. E enquanto está tão preocupado, o seu corpo está mudando tão rápido que você não sabe o que é o quê.

Você sabia que muitas vezes o primeiro sinal de puberdade nos meninos é um inchaço embaixo dos mamilos? Eu também não sabia até que aconteceu comigo. (Fiquei morto de medo, mas desapareceu depois de alguns meses.) É comum ocorrer esse tipo de alteração no corpo dos adolescentes, e provavelmente você não vai estar mais preparado para isso do que eu estava. Algumas mudanças são legais, mas outras perturbam ou parecem demorar séculos para surgir.

Todo mundo tem de lidar com as mudanças constantes que ocorrem no corpo. Quando se é adolescente essas mudanças também implicam variações constantes no humor e nas aptidões. Quase sempre há um desequilíbrio com o corpo. Assim que se acostuma com determinado jeito de ser, ocorrem mais mudanças. Esse é um bom treinamento budista para a vida, mas é difícil e pode ser constrangedor quando não se controla o corpo da maneira que se quer.

Essa luta para se adaptar ao corpo em transformação constante traz à baila a importante questão da "imagem corporal" — em outras palavras, a noção que você tem da sua identidade física, a sua visão de si mesmo. Existem dois problemas com a imagem corporal. Em primeiro lugar, como mencionei anteriormente, a maioria das pessoas não tem o corpo que gostaria. Todos nós temos de encarar o fato de que o nosso corpo não é perfeito, de que ele tem falhas de projeto. Algumas vezes não funciona exatamente como deveria. E as pessoas são bastante diferentes. Até mesmo outras espécies de animais podem facilmente nos distinguir uns dos outros. Pode ser que não tenhamos a imagem perfeita que desejávamos, mas a maioria das pessoas aceita o corpo que recebeu. Somos capazes de fazer isso porque quando entramos na adolescência descobrimos que os outros nos aceitam. Isso faz toda a diferença. E se considerarmos o nosso corpo como matéria-prima, poderemos aperfeiçoá-lo.

O segundo problema com a imagem corporal é quando a imagem que se tem de si mesmo não se encaixa com o que os outros vêem. Todo mundo é um pouco assim. Pode ser que você se ache atarracado ou esquelético, ou que alguma parte anatômica do seu corpo seja muito pequena (ou muito grande), muito embora os outros afirmem que não seja verdade. Isso, por si só, não é um problema. O problema surge quando as imagens divergem demais e você deixa de acreditar na imagem que os outros têm de você. Quando todo mundo diz que você é magérrimo ou que é o único que se acha gordo e você simplesmente não consegue acreditar, então há um problema. Você não está vivendo no mundo real, está se apegando a algo em que deseja acreditar — apesar de odiar isso. Se fizer regime (ou cometer excessos alimentares e provocar vômito) para tentar perder peso, pode se prejudicar ou até mesmo se matar. Tudo isso vai contra as crenças budistas.

Mesmo que não cheguemos a esse ponto, todos nós podemos compreender esse problema. Todos nós queremos aprimorar o corpo e melhorar a imagem corporal. Queremos ter uma noção verdadeira da nossa identidade física. Queremos ter o corpo livre e feliz que imaginamos. Os meninos querem ser altos e musculosos. As meninas querem ser curvilíneas e rígidas. Esforçar-nos para ser assim é o mesmo que esforçar-nos para nos transformar na nossa personalidade social. Fazer uma alimentação leve e malhar é perfeitamente aceitável e saudável. Mas, lembre-se, se você não está curtindo o esforço em si, provavelmente não vale a pena tentar alcançar o objetivo.

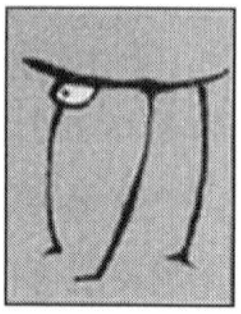

puberdade

Estamos todos na mesma situação, os textos budistas não falam muito sobre puberdade. Com efeito, quase todas as religiões tendem a ignorar essa experiência física tão importante. De modo geral, porém, a puberdade envolve dois aspectos: mudança e desejo. O budismo discorre bastante sobre ambos.

A mudança é uma das três qualidades fundamentais de tudo. As outras qualidades são dukkha e anatman (não-eu), o "fator espantoso" que está no cerne do despertar do Buda. A mudança representa um aspecto importantíssimo da adolescência. Durante esses anos tudo muda constantemente — a maior parte de nós. Dizem que a cada sete anos as células do corpo humano são totalmente substituídas; portanto somos outra pessoa, e não a mesma que éramos sete anos atrás. Não sei se isso é realmente verdade, mas pode muito bem ser. Aos 20 anos você é uma pessoa completamente diferente da que era aos 13. Pode ser que a sua mente tenha sofrido ainda mais mudanças que o seu corpo, mas o seu corpo continua a se transformar bem diante do seu nariz.

Obviamente esse processo tem início muito antes da puberdade. O maior período de mudanças ocorre ainda no útero materno, e as grandes mudanças seguintes são observadas nos três primeiros anos de vida. Mas nessa época você ainda não tem uma noção permanente de si mesmo. Não tem noção de que seu corpo perdura. Conseqüentemente, o ritmo acelerado das mudanças não o incomoda. Você flui com elas. Observe como os bebês e as crianças com menos de três anos se divertem com suas transformações. Eles *adoram*. Por volta, digamos, de oito anos de idade, porém, você já desenvolveu uma noção de si mesmo que começa a considerar duradouro.

A puberdade joga isso pela janela. É claro que você cresce durante os anos que antecedem a puberdade, mas a puberdade não o torna apenas uma versão maior de si mesmo. Na verdade, ela muda o seu *cérebro*. Depois que isso acontece, você já não é a mesma pessoa. A ciência e Buda concordam com isso. A puberdade põe você cara a cara com a mudança, revelando esta grande ironia: a mudança é a única coisa que dura.

Na puberdade você tem pensamentos, sensações e desejos que nunca passaram antes pela sua cabeça. Eu me lembro que quando era criança pensei que *nunca* ia ligar para meninas. Eu realmente achava isso. Eu não conseguia imaginar uma única situação em que elas pudessem despertar o meu interesse. Elas não tinham a mínima importância. Não é que eu tentasse ignorá-las ou que as odiasse; eu apenas não ligava para elas. Então entrei na puberdade. De repente, as meninas eram vitais. Houve uma época em que o mistério feminino parecia ser *tudo* para mim. A maioria dos meninos supera essa fase, mas para alguns parece que nunca passa. O mesmo acontece com as meninas, mas de maneiras mais sutis.

Eu não tinha meios de lidar com essa transformação sexual. Por exemplo, ninguém me contou sobre sonhos eróticos. Esses sonhos costumam levar os meninos a orgasmos. Mas, se você nunca teve um orgasmo, como vai saber o que é isso? Lembro-me de sonhos em que eu tinha essas sensações bastante agradáveis, mas não tinha a menor idéia do que eram! Na verdade, para ser bem honesto, eu *ainda* não sei o que eram. Acho que eram orgasmos, mas quem é que sabe? Naquela época eu ficava imaginando; eu estava confuso e não tinha onde procurar respostas.

Estou falando sobre esses assuntos pessoais porque é exatamente assim que as coisas são na puberdade. Você simplesmente não sabe o que vai acontecer a seguir. Nem mesmo os livros sobre educação sexual respondem a todas as suas perguntas. Você tem de ter suas próprias experiências interiores. Trata-se de mudanças, e também de prazer e desejo. Fora isso, você vai ter de esperar e descobrir.

Como o budismo pode ajudá-lo a enfrentar essa praga dupla de mudança e desejo? Enquadrando a sua experiência física numa moldura espiritual imparcial. O budismo ensina que mudança e desejo são estados naturais dos seres humanos. Estamos constantemente mudando e desejando coisas. Portanto, a primeira coisa que o budismo diz é: "Relaxe, você é absolutamente normal. Seu corpo é normal, e a sua experiência é normal. Não há nada de errado com você nem no aspecto físico nem no aspecto espiritual quando você tem esses sentimentos."

Ao simplesmente aceitar a sua experiência como um fato normal, o budismo contribui enormemente para torná-la melhor. Depois o budismo vai mais fundo; ele diz que suas mudanças e seus desejos estão causando dukkha porque você quer estabilidade física e satisfação desses desejos. Esse dukkha também é natural, mas não vai durar para sempre. Se conseguir se libertar das suas carências, também se libertará de dukkha.

Até agora falamos sobre puberdade de modo geral. Mas talvez esteja na hora de falar sobre alguns dos problemas gerados pela puberdade. Para esses problemas mais específicos eu apresentarei técnicas mais precisas para lidar com o dukkha.

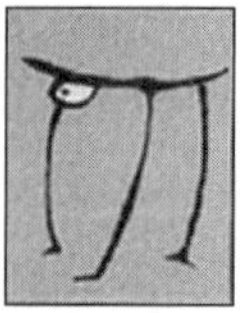

imperfeição

Ninguém está totalmente feliz com o próprio corpo. Não resta dúvidas de que há mil anos os adolescentes já ansiavam por um corpo mais bonito. Esse desejo é normal — mas a sociedade não é normal. As noções de "normal" e "atraente" não são as mesmas em toda parte; elas mudam e podem ser manipuladas. Uma pesquisa realizada recentemente revelou que 27% das meninas se sentiam pressionadas pela mídia a ter o corpo "perfeito". Ei, *ninguém* é perfeito!

Somos pessoas imperfeitas com corpo imperfeito. Não consigo nem mesmo relacionar minhas inúmeras imperfeições e, no entanto, estou bastante satisfeito com o meu corpo. Dizem que não somos atraentes quando não nos enquadramos em determinada norma. O assustador é que quando somos bombardeados com publicidade desde muito pequenos, passamos a não ser atraentes nem para nós mesmos nem para os outros, porque a nossa noção de atraente vai mudar para se adaptar a uma "norma" inalcançável.

Uma das razões que tornam essas normas *a*normais é que somos forçados a lutar incessantemente para atingir padrões inatingíveis. Isso garante um fluxo infindável de caixa para os profissionais da beleza, quer sejam vendedores de roupas, de maquiagem ou de próteses.

O que Buda diria sobre isso? Aposto que você sabe, mas apenas por via das dúvidas vou deixar bem claro. Isso incorpora perfeitamente (por assim dizer) a Primeira e a Segunda Nobre Verdade. Nesse caso temos dukkha (Primeira Verdade), por causa do nosso desejo (Segunda Verdade) de nos tornar perfeitos. Mas a perfeição, por definição, é impossível de ser alcançada ou conservada, e os vendedores sabem disso. Eles o mantêm correndo atrás de algo que você nunca vai conseguir, como um *hamster* numa esteira rolante.

As meninas sentem mais as próprias imperfeições, e gastam mais dinheiro na tentativa desesperada de corrigi-las. Mas os meninos podem estar indo pelo mesmo caminho. Será que os musculosos bonecos de ação podem fazer com que os meninos se sintam deficientes, assim como as bonecas Barbie e as fotos de supermodelos levam as meninas a se sentirem gordas? Será que os meninos "precisarão" tomar esteróides e as meninas "precisarão" colocar implantes nos seios? Hoje em dia, *milhões* de adolescentes começam a fumar para perder peso — ficando viciados com uma substância para atingir a meta impossível de ser o que nunca poderão ser. Ainda bem que

Buda morreu antes que isso acontecesse. Ele ficaria enojado. Tire o seu corpo da máquina da mídia!

Segundo as palavras do mestre zen Linji,

> Se você não conseguir interromper a sua incessante atividade mental, ficará preso em cima da árvore da ignorância... Mas se conseguir interromper a sua atividade mental, terá um corpo limpo e puro... assumindo qualquer formato que desejar, banqueteando-se com a verdade e com a alegria da meditação e iluminando o mundo com a luz do próprio corpo.

Caia fora dessa roda do desejo. Pule da árvore da ignorância. Linji pregava que *esse mesmo corpo* é Buda. Todo corpo é perfeito à sua maneira. Você não precisa de perfeição se já a tem.

magreza

Você não tem culpa de querer ser doentiamente magro. Numa pesquisa recente, mais de dois terços das meninas admitiram que queriam ser parecidas com as modelos das revistas. Mas essas mesmas meninas só têm uma chance em cem de ser tão magras quanto as supermodelos. Portanto, dois terços das meninas acham que estão gordas demais, e quase todas as mulheres acham que pesam mais do que realmente pesam. O maior desejo das adolescentes é ser mais magras.

Essas adolescentes estão dispostas a fazer o que for possível para conseguir emagrecer. Os métodos podem incluir cosméticos e regime, mas também passar fome ou comer e provocar vômito. Em um estudo, verificou-se que uma jovem universitária em cada seis admitiu que tinha bulimia. Os rapazes não confessaram porque acham que isso é coisa de mulher, mas os homens definitivamente também sofrem de bulimia. Em *The Zen of Eating* (Perigee, 1998) Ronna Kabatznick abordou essa questão e escreveu sobre o papel do budismo na alimentação. Se essa questão representa um problema para você, tenho certeza de que vale a pena ler esse livro, pois as pessoas que sofrem de distúrbios alimentares correm grandes riscos. Você pode prejudicar irremediavelmente a sua saúde se ficar magra demais — mesmo quando *acha* que não está.

É melhor usar Sidarta como seu supermodelo. Ele sabia tudo sobre jejum. De fato, ficou magro como um palito. Fez isso porque achava que dessa forma cresceria espiritualmente, e de certo modo cresceu. Mas isso também impediu que ele fizesse qualquer outra coisa. Ele ficou tão fraco que não conseguia nem meditar direito. (Isso não quer dizer que a meditação consome muita energia física.) Quando ele percebeu que estava se privando da alimentação para ficar tão magro, Buda simplesmente voltou a se alimentar. Ele preferiu alcançar equilíbrio e força e desfrutar a vida novamente a manter uma imagem prejudicial. Para ele, a decisão foi fácil — e deve ser fácil também para você. Essa decisão tornou-se a base do Caminho do Meio do próprio budismo. Em termos de alimentação, o Caminho do Meio é o caminho entre a gulodice nociva e a fome nociva. Buda não podia ter sido mais claro a esse respeito. Quando finalmente se alimentou depois de passar anos se esforçando para subjugar a fome, ele imediatamente despertou! Isso não foi nenhuma coincidência. Fazendo eco à experiência de Sidarta, os discípulos do zen-budismo às vezes tomam um tipo de mingau de arroz muito parecido com o que Sidarta tomou imediatamente antes do seu despertar. Antes de comer, ele cantou:

> O mingau ajuda de dez modos
> os discípulos do Zen.
> Não há limite para os bons resultados,
> completando a felicidade eterna.

A revista *YM* abandonou recentemente a sua política de publicar relatos e dicas de dietas e passou a usar modelos com o tipo corporal mais parecido com o dos leitores. Isso vai ajudar? Certamente não pode causar danos. O que você pode fazer para não se deixar influenciar por tudo isso? Aqui estão algumas dicas psicológicas parafraseadas de *BodyLove: Learning to Like Our Looks and Ourselves* (Rita Freeman, Ph.D., Harper & Row, 1988), seguidas de comentários budistas:

1. Ouça o seu corpo; quando estiver com fome, coma.

O mestre zen japonês Bankei disse certa vez: "Meu milagre é que quando estou com fome, eu como, e quando estou cansado, eu durmo."

2. Seja realista sobre a sua constituição física, devido aos seus genes e à sua história.

O que importa é a realidade. De que vale um corpo que você nunca vai ter?

3. Faça exercícios agradáveis regularmente, não importa o quanto você pese.

Buda exercitava-se regularmente, assim como os monges budistas ainda fazem. Eles fazem algumas horas de caminhada todas as manhãs em suas rondas de mendicância. Buda fez isso até os 80 anos!

4. Espere mudanças no seu peso e nas suas formas, seguindo seus ciclos semanais e mensais normais.

"Espere mudanças" — a própria essência do budismo!

5. Aceite-se; perdoe-se; seja gentil consigo mesmo.

A bondade amorosa começa consigo mesmo. Deseje o seu bem, depois irradie esse sentimento para todo o universo.

6. Peça o estímulo e a ajuda dos amigos e da família quando estiver sob grande pressão.

Ninguém é uma ilha; deixe os amigos saberem como você está e do que precisa. Essa é a finalidade da oração, afinal de contas, seja você cristão, budista ou o que for.

7. Decida onde você quer gastar a sua energia: buscando o "corpo perfeito" ou desfrutando a vida.

O budismo fala muito sobre os corpos do Buda — o corpo verdadeiro, o corpo de alegria, o corpo de manifestação. Alguns budistas andam em busca dessas formas para adorá-las, tornar-se uma delas ou algo do gênero. Parecem meninas que estão permanentemente de regime na tentativa de obter o corpo perfeito que nunca terão. Você gosta de magreza? Veja esse esqueleto — *sexy*, não? Enquanto isso, ouça as palavras do mestre Linji: "Procurar um corpo de Buda com forma — isso é absolutamente inútil."

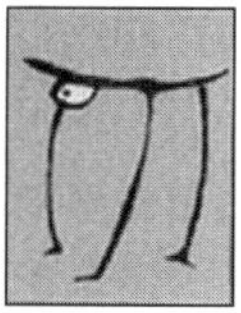

sono

Você precisa dormir mais. Provavelmente, essa não é nenhuma novidade. Todos os adolescentes com os quais converso concordam com isso. Existem tantas obrigações, opções, atividades, diversões, responsabilidades, práticas, revisões, sessões de estudo, festas, namoros, férias e sabe-se lá o que mais, que a opção passa a ser viver ou dormir. É por isso que temos a expressão "Vou dormir quando morrer". Na verdade, sono insuficiente nos faz sentir mortos mesmo estando vivos. Como afirma o Dhammapada, um dos meus textos budistas favoritos: "A vigilância é o caminho da imortalidade. A negligência é o caminho da morte. Os vigilantes não perecem; os negligentes já estão como mortos." E é impossível fazer isso quando se está cansado demais.

Se você preferir fazer outra atividade em vez de dormir mas ficar cochilando o tempo todo, não vai obter nenhum benefício. É muito melhor ir para a cama cedo de vez em quando. A boa notícia é que um sono extra ajuda a regular o relógio biológico e a resgatar a atenção. A má notícia é que "dormir demais" (dormir até as onze da manhã ou mais nos finais de semana) não faz bem. Isso bagunça o relógio biológico e atrapalha o sono da noite. O fato é que todos nós temos um "ritmo circadiano", um relógio diário que nos mantém acordados durante certas horas e nocauteados em outras. O seu ritmo de adolescente provavelmente o mantém acordado até depois das dez da noite, mesmo quando não consegue manter os olhos abertos ao fazer as lições de casa antes do jantar. (A culpa não é sua! Mas você pode tentar fazer as lições *depois* do jantar. Sério!)

Talvez você não tenha muita escolha em relação à hora de se levantar. A maior parte das escolas de ensino médio começa entre as sete e as oito horas da manhã, portanto quase todos os alunos do colegial não têm as nove horas de sono que teoricamente precisam. Sim, nove horas! Se você não puder mudar a hora de se levantar, tem de mudar a hora de se deitar.

Dessa forma, você pode tomar o Caminho do Meio entre o exagero e a miséria. Fazer tudo é mais ou menos o que Buda fez no começo da sua vida: condescendência excessiva. Não fazer nada é como o seu período de austeridade: negação excessiva. Você quer encontrar um meio-termo. O segredo é a flexibilidade. Respeite o seu corpo e a sua sabedoria. Se ele diz que você tem de dormir neste final de semana, então durma. Só o seu corpo pode dizer o que precisa. (Observe que eu não disse "o que ele quer". Nem sempre ele é sábio nesse aspecto!)

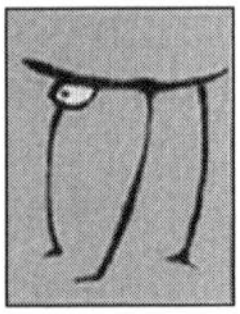

a sua mente

Depois da adolescência, o corpo não passa mais por transformações tão rápidas e, portanto, é mais fácil adquirir uma noção mais firme da identidade física. O corpo continua a mudar — essa é a natureza de todas as coisas — mas as mudanças são lentas o bastante para não desafiar a noção que se tem de si mesmo. Você terá uma noção duradoura da sua imagem física, e a partir dessa noção *do que* você é, poderá se concentrar novamente em *quem* você é. Com isso em mente, vamos nos concentrar no aspecto mental.

Falei anteriormente sobre o não-eu, a idéia de que a existência do eu/alma/espírito é uma ilusão. No entanto, falei também que a grande tarefa do adolescente consiste em se *tornar* essa coisa ilusória. Por que deveríamos falar sobre identidade, sem falar em cultivá-la?

Esse é um bom exemplo da tensão que existe entre o nível básico da verdade e o nível prático da verdade. No nível básico, não existe Eu, e, conseqüentemente, não existe uma identidade para ser descoberta. Mas no nível prático, a nossa identidade dá coerência ao complexo dinâmico de relacionamentos, obrigações, prazeres e dores que *nos* constituem. Por esse motivo, a identidade é importante; na verdade, é muito importante. Precisamos cultivar uma identidade social, corporal e mental.

Pense da seguinte forma: os psicólogos budistas dizem que "é preciso ter um eu para perdê-lo". Precisamos da noção do Eu que custamos tanto a criar durante a adolescência. E a partir desse mesmo período, precisamos abandonar essa noção do Eu se quisermos continuar a crescer e conquistar uma liberdade mais ampla. Primeiro ganhamos o Eu, depois o perdemos.

Não podemos nos apegar demais ao nosso Eu. Assim como o corpo sofre transformações e a imagem que temos dele nunca é exata e está sempre desatualizada, a mente também muda, e a imagem que temos dela também não é confiável. As pessoas inteligentes sabem disso, mesmo as bem jovens:

> "Quem é *você*?", perguntou a Lagarta.
> Essa não era uma maneira encorajadora de iniciar uma conversa. Alice retrucou, timidamente:
> "Eu — eu não sei muito bem, Senhora, neste momento — pelo menos eu sei quem eu *era* quando acordei esta manhã, mas acho que devo ter mudado muitas vezes desde então."
> "O que você quer dizer com isso?", perguntou a Lagarta muito séria. "Explique-se!"
> "Receio que não possa *me* explicar, Senhora", respondeu Alice, "porque eu não sou eu mesma, entende?"
>
> ALICE NO PAÍS DAS MARAVILHAS

Construímos a estrutura da nossa mente com base no nosso corpo. À medida que o corpo muda, a mente também muda. De fato, uma pesquisa recente realizada com base em imagens por ressonância magnética do cérebro de adolescentes revelou que durante toda a adolescência ocorrem mudanças físicas. Nessa fase, os adolescentes estão aperfeiçoando suas estruturas e a forma como as usam. Pode ser até mesmo que as estruturas e habilidades utilizadas para processar informações no início e no final da adolescência sejam diferentes. Portanto, é justo esperar que eles tenham uma noção verdadeiramente coerente de mente ou de espírito quando o cérebro está passando por transformações tão rápidas? Não, mas será que é justo *pedir* que eles desenvolvam uma noção coerente de mente ou de espírito? Sim. Os adolescentes se debatem com as questões relacionadas com a mente, a fé e o espírito todos os dias. E essa é a hora certa de fazer isso.

o seu cérebro

A neurologia descobriu recentemente que durante a adolescência o cérebro sofre mais mudanças do que imaginávamos. Estudos de imagem demonstraram que um pouco antes dessa fase o cérebro cresce bastante, e depois passa os anos da adolescência calculando como usar essa nova massa cinzenta — sobretudo o córtex pré-frontal, a parte do cérebro que pensa com antecedência, que é sábia e inteligente. Na adolescência, você precisa ensinar o seu cérebro a pensar; ao fazer isso, ele é exercitado. A regra é: "Se não usar vai enferrujar." As partes do cérebro que você exercita são as partes que você mantém pelo resto da vida. O que você pensar hoje vai determinar o que você será no futuro. Reflita sobre os versos de abertura do Dhammapada, livro budista que eu recomendei aos meus novos discípulos:

Todas as coisas são precedidas pela mente,
guiadas pela mente e criadas pela mente.
Se um homem fala ou age com uma mente impura,
O sofrimento o acompanha tão de perto
como a roda segue a pata do boi que puxa a carroça.

Todas as coisas são precedidas pela mente,
guiadas pela mente e criadas pela mente.
Se um homem fala ou age com uma mente lúcida,
a felicidade o seguirá como uma sombra inseparável.

Quanto mais praticamos uma mente lúcida — isto é, quanto mais tentamos ser conscientes, compassivos e sábios — mais fácil fica. Na verdade, todo o processo se transforma numa segunda natureza. Buda sabia que o seu cérebro estava fazendo isso. É por isso que ele dizia que todas as coisas têm origem no cérebro e que, ao exercitar os bons pensamentos, fortalecemos esses pensamentos. Os budistas sábios vêm pregando esse princípio há milhares de anos, mas você não precisa acreditar neles. Agora esse é um fato científico. Acredite em quem quiser, mas comece a exercitar a mente.

Você quer fortalecer o seu músculo do ressentimento ou o seu músculo da compaixão? O seu músculo do *videogame* ou o seu músculo do futebol? Depende exclusivamente de você. Lembre-se apenas de que a dor ou a alegria que você está criando está bem atrás de você. Como me disse um adolescente: "Se você olhar as coisas de modo positivo, terá mais chance de conseguir um resultado melhor. Se pensar de modo negativo, pode acabar sem nada."

O SEXO OPOSTO E VOCÊ

Os maus são escravos do sexo; outros, no entanto, fazem dele uma forma de se libertar da escravidão. A paixão escraviza o mundo, mas também o liberta.

HEVAJRA TANTRA

desejo e diversão

Há quem diga que o budismo proíbe a diversão. Isso não é verdade. Até mesmo as formas mais rigorosas de budismo permitem que se obtenha prazer com coisas inofensivas que não desencadeiam novos desejos. Buda nunca disse que o prazer não era agradável. Ele simplesmente disse que, para a maioria de nós, o prazer é superado facilmente pela dor, e que a realização do desejo não satisfaz o próprio desejo em curso. Para dar uma idéia de visões diferentes de prazer no budismo, aqui estão duas citações:

Aquele que deixou para trás o prazer e a dor,
sereno e calmo, sem sentir falta de nada,
e vitorioso conquistou o mundo, todos os mundos,
é a ele que eu chamo de santo.

DHAMMAPADA

Coma, beba e agrade aos sentidos!

SARAHA

A primeira citação é um ensinamento indiano secular. A segunda é uma citação tibetana posterior. Ambas mostram que Buda nos ensina a nos divertir. Será que Buda permite o prazer? Claro que sim. É verdade que sempre tem algum budista que afirma que não, que devemos nos afastar completamente do prazer porque ele é infundado, passageiro e insatisfatório. Mas *este* budista afirma que ainda assim é prazer. Podemos desfrutá-lo pelo que ele é, assim como deveríamos vivenciar todas as coisas pelo que elas são. "Passageiro" não significa "desagradável". Vá em frente: ame o prazer. E, enquanto isso, adore o amor em si. Você pode até mesmo adorar o sexo.

Nós damos valor ao que é raro. As boas experiências são raras. Além de demorar para chegar, acabam logo. Por esse motivo, deveríamos desfrutá-las com *mais* intensidade, e não menos! Não seria triste se uma pessoa não se sentisse feliz no verão repleto de verde simplesmente porque essa estação passa tão rápido? Buda se juntaria a essa tristeza. Ele diria: "Alegre-se, mas não crie apego." Portanto, o que você diz? Vamos desfrutar nossos caprichos passageiros!

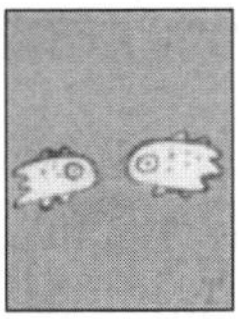

igualdade

A maioria das sociedades tem um monte de regras sobre a forma como se deve passar o tempo com o sexo oposto. Algumas vezes essas normas são criadas para evitar que as pessoas tenham relações sexuais ou que fiquem excessivamente envolvidas com o sexo. Outras, são criadas para proteger os homens, impedindo que eles sejam "poluídos" pelas mulheres, que são vistas como impuras. Algumas vezes as regras não têm razão de ser, são apenas extensões insensatas de alguma tradição que separa homens e mulheres. A sociedade ocidental moderna é bastante aberta em comparação com a maioria das outras sociedades. As sociedades budistas são mais divididas. Na verdade, o budismo precisa da sua ajuda.

Como você pode ajudar? Bem, eu fico feliz por você ter perguntado. Buda era surpreendentemente igualitário comparado à sua própria sociedade, que se caracterizava por uma grande desigualdade entre os sexos. Ele aceitava os direitos das mulheres e as realizações femininas no budismo. Sua luta pelos direitos femininos foi extraordinária, embora imperfeita, mas Buda não representa a autoridade final nesse assunto. Na minha opinião, Buda foi apenas o primeiro budista desperto de que se tem conhecimento na história. Ele compreendia a natureza essencial da humanidade e o mundo dos seres humanos. Ele viu que o que impedia as pessoas de serem Budas eram os anos de pensamentos e atos equivocados, que se transformaram no feixe de hábitos e preconceitos que chamamos de eu. Quando nos libertamos do nosso eu, o que resta? Buda diria: "O nirvana", o jogo livre da natureza de Buda. E o que isso tem que ver com os direitos femininos? Tudo.

Jogo livre da natureza de Buda significa a verdadeira liberdade que todos nós compartilhamos. Significa ausência de fronteiras — para homens e mulheres. De fato, em muitos níveis não *há* homens e mulheres; os gêneros masculino e feminino são meras aparências. Em antigos sutras do budismo Mahayana, homem e mulher se transformam um no outro — uma ilustração da superficialidade da diferença entre os sexos. Livre-se delas!

A idéia de que todos têm a capacidade de manifestar a natureza de Buda tem um grande significado para cada um de nós. Significa que somos a manifestação de Buda na terra, neste momento. Todos aqueles que transmitiram, aprofundaram e elucidaram a tradição budista, podem ser tão dignos de respeito quanto o Buda original.

(Na verdade, Sidarta Gautama afirmava que ele não era o Buda original. Ele dizia que havia *re*descoberto os ensinamentos e que existiram outros Budas antes dele.) Cabe a nós — e é nosso dever — atualizar a tradição. Precisamos libertá-la de si mesma, assim como ela nos liberta.

Ao tratar o sexo oposto com imparcialidade, você faz exatamente isso: mostra aos budistas mais velhos que os jovens Budas podem sair juntos sem envolvimento excessivo com sexo, poluição ritual ou o que quer que seja que eles temam. Essa pode ser a sua contribuição para a tradição, e a sua maneira de passá-la adiante. Não importa se você é um budista de origem asiática em tempo integral ou se está apenas testando as idéias budistas. Você tem a natureza de Buda. Mostre o seu jogo livre, em que sexo não importa. Se não existem — ou não devem existir — fronteiras entre homens e mulheres, então você deve se sentir livre para sair com pessoas do sexo oposto.

namoro

Para a maioria dos adolescentes, o namoro não representa um problema. Agora, *não* namorar, *querer* namorar, *preocupar-se* com isso — esses sim são problemas. O namoro geralmente é algo espontâneo. Ninguém quer que lhe digam o que fazer; por esse motivo, eu não vou lhe dar conselhos budistas sobre esse assunto. Em vez disso, vou falar sobre um modo inteligente de abordar esse assunto.

O namoro é a descoberta de como se relacionar com outra pessoa, e é fascinante por várias razões. Há a questão da atração sexual. Isso é bastante óbvio. Mais do que isso, há o mistério de explorar o outro — e ainda mais, o mistério duplo de criar um relacionamento. Toda essa complexidade fascinante do simples fato de passar o tempo juntos. Impressionante!

Por que eu defino o namoro como mistério "duplo"? E por que é tão fascinante? É "duplo" porque revela uma pessoa desconhecida, e também um lado *seu* que você não conhece. Na concepção budista, tudo é aberto, inclusive o eu; o que realmente existe são *relacionamentos entre coisas ou pessoas*. Portanto, você passa a ter existência no namoro. Os namoros têm tudo que ver com relacionamentos. No nível básico, relacionamentos *são* as pessoas envolvidas. Você existe *no* namoro. No nível convencional, à medida que o namoro evolui, passa-se a conhecer não apenas o outro, mas também a si mesmo.

Os relacionamentos fazem parte da natureza humana. Na verdade, as pessoas morrem se não se relacionarem desde que nascem. Assim como todo mundo, você tem uma profunda necessidade de estabelecer vínculos, de se casar e de gerar novos seres humanos com os quais terá novos relacionamentos. Essa é a sua natureza biológica — e a sua natureza de Buda. "Naturalmente", então, significa que você quer namorar, e que se sente frustrado quando não arranja namorado ou quando o namoro termina. Como diria Buda, relaxe. É claro que alguns namoros terminam. O que você esperava? Encontrar a sua cara-metade com 16 anos? Com essa idade (ou 13 ou 19) você nem sequer *se* encontrou.

O foco central da adolescência é o processo de descobrir a si mesmo e de estabelecer relacionamentos. Para isso é preciso ter várias experiências, ou seja, estar com pessoas diferentes, ver se a relação é enriquecedora. Se você não teve nenhum namoro ruim, não teve experiência suficiente. Continue tentando. Dizem que a Edison Company testou 100 filamentos de lâmpadas diferentes até descobrir um que funcionava. A solução certa só foi encontrada graças aos malogros anteriores.

Seja honesto consigo mesmo e com as pessoas com quem você se relaciona. Como o namoro envolve a descoberta de si mesmo e do outro, é preciso ser honesto. Caso contrário, você estará criando um eu falso, e não se pode ser feliz sendo falso. Se mentir, sobretudo para si mesmo, acabará perdendo a sua liberdade e a sua identidade.

É preciso ser honesto também antes de começar um namoro. É preciso ser honesto ao escolher alguém para namorar. Se você se deixar influenciar pela opinião dos outros, ou seja, namorar alguém porque as pessoas acham que vocês combinam, estará se moldando de acordo com a opinião alheia. Isso é literalmente uma tapeação: falso, superficial e inútil. Não se preocupe em descobrir o "namoro perfeito". O namoro perfeito é aquele em que há crescimento; portanto, o outro só vai ser perfeito depois que vocês estiverem realmente crescendo juntos. Escolha alguém com base na noção que você tem de si mesmo, na forma como você se sente *por dentro*. Seus instintos são honestos, mesmo quando são vagos ou confusos. Quem foi que disse que a honestidade sempre é clara? *Mentiras* muitas vezes são claras, mas ainda assim são mentiras. A honestidade às vezes é confusa, mas ainda assim é honestidade. Portanto, seja realista: nada de brincar com os seus sentimentos, nada de brincar com os sentimentos do outro, nada de brincar com a sua reputação nem com a sua imagem.

Provavelmente, você sente um forte ímpeto para acelerar o processo. Talvez, na realidade, não queira se apressar, casar e ter filhos, mas as pessoas muitas vezes fazem isso. O budismo o convida a perguntar a si mesmo de onde vem esse sentimento de urgência. Será que é um impulso cego do qual você não precisa? Em vez disso, relaxe e fique exatamente onde está. É assim que a sua natureza de Buda se manifesta na sua atividade neste momento. Você não precisa ir a nenhum outro lugar. Em última análise, não existe outro lugar em que você nem mesmo possa estar, porque todos os outros lugares são ilusórios. Curta o momento presente — *apenas* o momento presente.

Pense sobre aonde leva esse longo processo de namoro, sexo e bebês. Continue essa história — ela leva às doenças, à velhice e à morte, como Buda percebeu. Por que tanta ansiedade para chegar lá? Por que a pressa? O que há de errado com o momento presente? Esse namoro que você está fantasiando não vai satisfazer o seu impulso de dar continuidade ao processo, e mesmo se o satisfizesse, aonde iria conduzi-lo? A verdadeira satisfação vem da aceitação do próprio impulso pelo que ele é — algo que nunca pode ser satisfeito e *nem precisa ser*. Buda mostrou que não é preciso namorar para ser uma pessoa boa, prestativa, sábia ou feliz. Namorar não traz felicidade, apenas responde ao seu impulso por uma noite. O que o torna feliz é o que você leva consigo para o namoro, ou o que você tem em casa, ou o que você compartilha com os amigos. É o que já está em você.

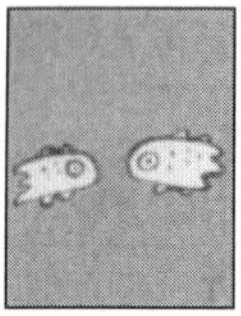

sexo

Não se deixe levar pelas pessoas que dizem que ter relações sexuais não é importante ou que o seu corpo não está pronto para o sexo. A sua sexualidade é ostensiva e precisa ser aceita. Você não precisa ter relações sexuais — longe disso — mas precisa *aceitar* a realidade do seu corpo.

Fontes confiáveis dizem que dois em cinco adolescentes são sexualmente ativos no primeiro ano colegial. Mais da metade tem relações sexuais regularmente entre 15 e 19 anos de idade. Inúmeros livros que tratam das questões relacionadas com a adolescência indagam por que a idade da iniciação sexual diminui cada vez mais. Eles se preocupam com isso. Francamente, eu tenho de perguntar, por que *não*? Os jovens sempre começaram a ter relações sexuais mais cedo do que atualmente, salvo por algumas gerações curtas e anômalas que precederam a sua. O ser humano foi projetado fisicamente para ter relações sexuais a partir da adolescência — até mesmo no início da adolescência, se o corpo estiver pronto. Apenas a mente fica para trás, e uma das principais razões disso é que a sociedade não ajuda a fazer com que a mente acompanhe a evolução do corpo.

Os jovens que ainda não têm certeza se querem ficar com meninos ou meninas enfrentam uma dificuldade ainda maior nesse sentido. Em geral, descobrimos a nossa identidade sexual antes de ter experiências sexuais. Mas como podemos descobrir essa identidade sem as experiências que nos ajudam a descobrir quem somos? Quando seguimos os padrões estabelecidos pela sociedade não há problema algum. O difícil é quando não se tem certeza de ser capaz de seguir esses padrões. Esse paradoxo pode ser cruel.

O budismo pode lhe dar algum apoio. Buda pregava que *todo tipo* de sexo causava dukkha. Ele não parecia achar que a heterossexualidade era melhor do que a homossexualidade ou uma combinação das duas. Homossexual, heterossexual, bissexual, transexual, Buda não se importava e não quer que você se sinta mal com o seu modo de ser. Para quê? Buda pregava compreensão e aceitação. Descubra quem você é e aceite-se, tanto na esfera sexual como em qualquer outra. O desejo é o mesmo, visto sob qualquer ângulo.

Não me entenda mal. Não estou tentando convencê-lo de que adolescentes de 15 anos devem ter vida sexual ativa. Não compete a mim dizer a você o que fazer, muito menos julgar o seu comportamento. Não é disso que o budismo trata — de qualquer modo, não o budismo que eu pratico. Mas, estando a meio caminho do despertar, eu *vou* encarar a realidade de que os adolescentes têm relações sexuais. E se esse é o seu caso, *é melhor que esteja usando métodos anticoncepcionais* — de preferência camisinha, que também ajuda a evitar doenças sexualmente transmissíveis (DST). Esse conselho pode fazê-lo mais feliz para o resto da vida.

Buda recomenda o uso da camisinha! Parece que essa deveria ser uma atitude óbvia, mas o tempo médio transcorrido entre a primeira relação sexual e a decisão de fazer algum tipo de controle de natalidade é de um ano; portanto, aparentemente, muitas pessoas não seguem esse conselho. Um ano! Enquanto isso, uma em cinco jovens adolescentes fica grávida. O que está havendo?

Parte do problema pode ser simples ignorância. O budismo ajuda a vencer a ignorância, o ódio e a ganância, as raízes de dukkha. Todas essas condições são causadas quando se ignora de modo egoísta a forma como as coisas realmente são. Portanto, deixe-me tentar ser um bom budista e acabar com certas ignorâncias.

Talvez você esteja pensando consigo mesmo: "Ninguém me diz como esse negócio de sexo funciona. Estou tirando minhas próprias conclusões e fico constrangido; então vou manter às escondidas. Se esta for uma parte oculta da minha vida, não poderá afetar os outros aspectos dela." Nada faz você se sentir mais *exposto* do que comprar camisinhas no supermercado! O problema é que o seu lado oculto com certeza *pode* afetar os outros aspectos da sua vida. Isso acontece durante o tempo todo.

A grande maioria dos adolescentes diz que não sabe usar métodos contraceptivos. Aqui estão algumas dicas sobre o uso da camisinha que, diga-se de passagem, ninguém me ensinou.

PRIMEIRA: Pratique. A primeira vez que você precisar de uma camisinha não será a ocasião ideal para tentar colocar uma. Você vai querer estar tranqüilo quando tiver platéia; portanto, pratique com antecedência. É muito fácil, mas a prática pode fazer toda a diferença entre sentir-se à vontade para usar uma quando chegar o momento ou ficar constrangido e não usar. Isso pode salvar a sua vida, a vida da sua parceira ou a vida do feto que você não vai gerar. Pratique.

(Dica extra: se você for mulher, você mesma pode colocar a camisinha no seu parceiro. Nesse caso, não precisa praticar antes, pois o rapaz não espera que você tenha feito isso antes.)

SEGUNDA: Não quero ser detalhista demais, mas o homem geralmente elimina uma ou duas gotas de sêmen quando atinge a ereção, muito antes do orgasmo. Há esperma *suficiente* nessas gotas para engravidar uma mulher. Coloque a camisinha cedo. Não estrague tudo com uma penetração antes de colocá-la. Primeiro a camisinha, depois a penetração. Meninas, vocês estão ouvindo? Vocês sabiam dessas gotas? Bem, se não sabiam, agora já sabem. Insistam para que seu parceiro use camisinha. Se o rapaz não estiver disposto a usar camisinha, ele definitivamente não merece entrar no seu precioso corpo.

(Outra dica extra: meninas, comprem vocês mesmas as camisinhas. Assim, não vão ter de ouvir desculpas esfarrapadas. Se vocês estão preparadas para ter relação sexual, também devem estar preparadas para comprar camisinhas.)

O que tudo isso tem que ver com o budismo? Tudo. Isso, junto como toda atividade envolvente, intensa e importante da nossa vida, representa a prática budista. Ser responsável, não deixar que a vida sexual prejudique, nem a si mesmo nem aos outros, constitui o terceiro dos cinco preceitos: "Juro não fazer uso inadequado do sexo." Se você é adolescente e tem vida sexual ativa, a contracepção faz parte do cumprimento desse juramento. Trata-se de viver em harmonia com a sua natureza de Buda.

O sexo também pode ser um elemento de prática espiritual. É nesse momento que o desejo, o apego, o amor, a compreensão e a sabedoria se juntam. O sexo bom, feito com comunhão de sentimentos, sem apego, sem o objetivo de satisfazer os desejos, é uma prática espiritual genuína. É por isso que alguns budistas tântricos de alto nível fazem sexo de formas rituais: para se testarem e verem se conseguem fazer algo tão emocionalmente perigoso sem aumentar sua dukkha.

Mas deixe-me dizer o seguinte: nenhum praticante de sexo tântrico é adolescente. Na verdade, não conheço nenhum adolescente que tenha se envolvido com sexo como prática espiritual ou que, em algum nível, não levava a dukkha. O sexo parece moldar os adolescentes, e não o contrário. Apesar de usarem camisinha, o sexo ainda está no controle. Na realidade, essa não é uma escolha pessoal; vocês estão nas suas garras, seduzidos pelo desejo. Ah, dukkha!

E essa é apenas a perspectiva masculina. Quase todos os garotos dizem que ficaram satisfeitos por terem feito sexo pela primeira vez. Mas a grande maioria das meninas se sente em conflito ou se arrepende. Lembre-se desta verdade básica budista: A experiência sexual nunca vai satisfazer o desejo de sexo. Nem quando se é um adolescente nem depois. Levando-se em consideração os riscos e os arrependimentos, fica claro que o juramento de não fazer uso inadequado do sexo com certeza significa não ter *nenhuma* relação sexual na adolescência. Não estou dizendo que você não pode fazê-lo, mas que Buda o alertou.

Moral da história: Quando pensar sobre o sexo, reflita se essa é realmente uma opção consciente. Se não for, o sexo o está controlando e vai causar dukkha. E quando você realmente estiver prestes a fazer sexo, fique consciente do seu corpo e do corpo do outro. Proteja todos os seres sencientes. Use camisinha.

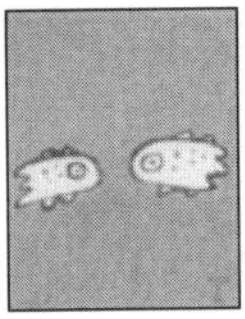

gravidez

Gravidez na adolescência, um assunto bastante difícil. Você se cansou de ouvir sobre isso na escola; portanto, serei breve. O budismo não tem restrição alguma à contracepção. O melhor método anticoncepcional é o verbal — quando uma pessoa diz "não". O segundo é a camisinha — usada da forma correta.

Por que a camisinha em particular? A camisinha é o método anticoncepcional preferido do budismo porque ajuda a deter a disseminação de doenças sexualmente transmissíveis e, conseqüentemente, reduz a dukkha. O budismo não está preocupado com a moralidade, mas sim em tentar reduzir a dukkha no mundo. O budismo acha que devemos fazer o que for preciso para reduzir a dukkha, inclusive evitar doenças e gravidez na adolescência.

Os primeiros sutras budistas insistiam que o nascimento leva imediatamente ao dukkha, uma vez que a vida é tão cheia desse sentimento. Mas a vida é boa demais aqui e agora; não tenho certeza se muitos adolescentes ainda concordariam que a vida é dukkha. De modo geral, a vida é boa na maior parte do dia.

Em outras sociedades, nas quais os adolescentes são treinados para crescer rápido e assumir responsabilidades adultas, a gravidez na adolescência não é problema, porque esses jovens já são aceitos como adultos. Mas nas sociedades ricas atuais, nas quais os jovens têm o privilégio de só assumirem responsabilidades reais depois do colegial, da faculdade ou mais tarde ainda, os adolescentes ainda não estão prontos para ser pais. A maternidade ou paternidade na adolescência causa automaticamente a dukkha. As mães adolescentes acabam trocando muitas boas coisas que a juventude pode oferecer por filhos que poderiam ter mais tarde. Quanto aos pais adolescentes, pensem nos carros inacreditáveis que vocês poderiam estar dirigindo se não tivessem de arcar com as despesas de um filho. Seja você uma moça ou um rapaz, essa é uma troca que você quer fazer? Reiterando: não se trata de moral — mas sim de fazer escolhas conscientes.

amor

Ah, o amor! Sim, sempre existe essa possibilidade! Diz a lenda que o próprio Buda se casou ainda adolescente e que amou muito sua esposa. No entanto, ele acabou deixando a esposa e o filho. Por quê? Porque descobriu que o seu destino não era ser príncipe nem marido. Infelizmente, ele só descobriu isso depois do seu casamento precoce e, portanto, provocou muitas lágrimas. O conselho de Buda sobre o amor faria eco à sua experiência: descubra-se primeiro e depois decida se o amor romântico é para você.

O amor familiar é uma dádiva. É a base de todos os outros tipos de amor. Como diz um antigo sutra budista: "É difícil encontrar um ser vivo que não tenha sido sua mãe no passado." O amor que sentimos pela nossa mãe deve ser irradiado para todos os seres em toda parte. O amor romântico, entretanto, é mais traiçoeiro, porque o amor maternal é tão sólido, tão garantido (mesmo quando não nos damos bem) que não duvidamos dele; não temos ciúmes nem constatamos que está morrendo. No entanto, no amor romântico sentimos tudo isso, e acontece mais rápido com o amor adolescente do que com o amor mais maduro.

Portanto, o que se deveria fazer? Abrir mão do amor? Algumas pessoas acham que sim, mas a maioria acha que não. Algumas acham que a busca do amor está cheia de dukkha e que, portanto, não vale a pena. Buda se sentia assim, e ainda nos dias de hoje os monges e as monjas budistas fazem essa escolha. A maioria das pessoas, porém, acha que o amor vale todo o esforço que requer e a dukkha inevitável que cria. Para essas pessoas, o segredo está em perceber que o amor não vai nos completar — nós já somos completos. Com isso em mente, podemos fazer escolhas que reflitam os nossos verdadeiros interesses e os interesses dos outros.

Aqui está um exemplo:

Recentemente, descobri que minha namorada estava me traindo com o meu melhor amigo. Ela se arrependeu, foi um erro que cometeu. Minha primeira reação foi colocá-la porta afora e nunca mais olhar para trás. Mas, com a minha nova visão budista, decidi me conter. Sentei-me, literalmente, e meditei para pôr em ordem os meus sentimentos, e acabei descobrindo que estava com mais raiva do meu amigo do que dela. Embora ainda haja a questão da confiança, estamos conseguindo superar o episódio. Sem a prática budista da meditação, posso dizer honestamente que eu teria feito a escolha errada, e terminado o namoro.

Esse adolescente está realmente tentando ver as coisas com clareza. Para ele, a meditação fez a diferença. Ele foi capaz de aceitar seus sentimentos, separá-los e fazer uma escolha que reduziu a dukkha e aumentou a sua felicidade futura. Você também pode.

AUTODESCOBERTA

O mestre Tushuai Yue fez três perguntas aos seus discípulos.

Evitar a confusão e buscar o oculto significa simplesmente ver a essência. Neste momento, onde está a essência de vocês?

Somente conhecendo a sua essência é que vocês podem se libertar do nascimento e da morte. Quando vocês estiverem morrendo, como vão se libertar?

Ficando livres do nascimento e da morte, vocês saberão para onde estão indo. Quando seus elementos se desintegram, para onde vocês vão?

WUMENGUAN

amigos

A descoberta de si mesmo não acontece no início da adolescência com o namoro e o amor. Nós começamos a nos descobrir por intermédio dos amigos.

A amizade é fundamental para o budismo. É importantíssima até mesmo para os monges e as monjas. A *sangha*, a organização de monges e monjas, é um grande grupo de amigos em que cada pessoa tem um "preceptor", ou mentor espiritual, chamado literalmente de "bom amigo".

De acordo com Buda, o primeiro requisito para trilhar um caminho espiritual é contar com bons amigos. Segundo suas palavras:

"Ter bons amigos significa tudo na vida espiritual." Bons amigos são pessoas que você considera boas e que lhe querem bem. Esses amigos representam o Caminho do Meio, o caminho para a verdadeira felicidade; portanto, saiba escolher os amigos. Assim como acontece com os grupinhos, o comportamento dos seus amigos também vai se refletir em você. Como você é influenciado pelos seus relacionamentos, seus amigos são inseparáveis do seu futuro.

Agora, reflita sobre essa idéia por um minuto. Como amigo, você tem responsabilidades. Como diz uma escritura: "Quando alguém comete um erro, seus verdadeiros amigos devem levá-lo, mesmo que à força, a agir da forma correta." Intervenha. Você não pode simplesmente se afastar quando sabe que precisa salvar um amigo. É claro que nem sempre você percebe isso. Não se recrimine se só perceber quando for tarde demais; com certeza, seus amigos sabem esconder as coisas tão bem quanto você. Mas se perceber, você precisa agir. Esse tipo de amor pode ser difícil de dar e difícil de receber, mas, ainda assim você é amor.

pressão dos companheiros

O tema "pressão dos companheiros" na adolescência é bastante explorado. Embora os adultos, de modo geral, não vejam isso com bons olhos, essa pressão também pode ser positiva. Em grupo, encontramos apoio para ser diferentes dos nossos pais e nos descobrir. A solidariedade do grupo nos fortalece. Mas também pode dar aos outros membros o poder de exercer pressão sobre nós. O que podemos fazer em relação às pressões negativas dos companheiros?

O Dhammapada (texto que citei diversas vezes) diz: "Na grande jornada da vida, não encontrando quem lhe seja superior ou igual, é melhor que você continue sozinho. No caminho não há sociedade com insensatos." Os companheiros são os seus melhores amigos e os seus piores inimigos. Não são as pessoas que o odeiam e o combatem que podem corrompê-lo; são as más companhias e os maus amigos.

Quando seus companheiros fizerem pressão para que você seja menos do que é, você terá de decidir se continua andando na companhia deles ou se fica sozinho. Esta pode ser uma escolha solitária, mas é inevitável. É o tipo da escolha que provavelmente você não teve de fazer antes da adolescência, mas agora é melhor se acostumar. Você terá de tomar decisões desse tipo pelo resto da vida. Não se sinta mal; quanto menos tolos você tiver à sua volta, menos tolos você vai conhecer. Ao se livrar da pressão dos companheiros, você fortalecerá a si mesmo e às suas habilidades. Com o tempo, você terá menos dificuldade para fazer essas escolhas.

As gangues são grupos bastante fortes. Elas sempre existiram e sempre existirão. O problema é que, atualmente, estão mais poderosas. Muitas se envolvem com drogas, e onde rola drogas, também rola dinheiro e armas. Se Buda estivesse vivo, ele lhe diria que não estava nem aí para os detalhes sobre drogas, dinheiro ou armas. Ele lembraria que você se associa a um grupo, quer seja uma turma ou uma gangue, porque ele o ajuda a descobrir a sua identidade. A questão é se o grupo ao qual você se associou está ou não contribuindo para aumentar a dukkha no mundo. Se ele contribui para reduzir a dukkha, as outras pessoas vão chamá-lo de "grupo". Se for neutro, vão chamá-lo de "turma". E se contribuir para aumentar a dukkha, vão chamá-lo de "gangue". Encontre um grupo que o ajude a reduzir a sua dukkha, um grupo que não prejudique os outros, que não roube, não faça mau uso do sexo, não minta nem o estimule a se prejudicar nem a prejudicar as outras pessoas com as drogas.

drogas

O conselho de Buda a respeito das drogas era claro: não se envolva com elas. Na verdade, esse é um dos cinco preceitos para evitar a dukkha. Na época de Buda, obviamente, não havia substâncias sofisticadas como êxtase ou craque. Na parte do mundo em que ele vivia, não existia nem mesmo o tabaco, mas havia bebidas alcoólicas e outras substâncias psicoativas que eram amplamente usadas pelos xamãs e nos cultos, de modo que Buda sabia do que estava falando.

Talvez você ache que *algumas* drogas *não* são nocivas. Eu posso entender — eu me refiro a essa crença, não que ache que seja verdade. Mesmo sendo budista praticante, sou apreciador de vinho e considero essa uma paixão bastante inofensiva. Portanto, pode ser que nem sempre eu seja um bom *budista*, mas pelo menos eu bebo bons *vinhos*. Sempre que me oferecem ou me presenteiam com vinho de má qualidade, eu dou um jeito de não tomar. Meu mundo ficou mais rico com o vinho. Ele não me causa dukkha, e eu não *preciso* dele. Tenho controle sobre o meu hábito de beber. Não tenho medo de confessar. Mas levou algum tempo para que eu atingisse esse estágio.

Lembro-me de ter bebido vinho uma tarde quando eu era adolescente. Eu estava no terceiro ano do colegial e gostava muito de teatro. Naquela noite, eu ia participar da encenação de uma comédia. Mas eu tinha obrigações a fazer, e uma delas era distribuir o conteúdo de alguns garrafões de vinho em jarras individuais. Acontece que sobrou um pouquinho de vinho em cada garrafão. Adivinhe o que aconteceu? Eu bebi. E, surpresa! Fiquei bêbado. Eu não senti que estava ficando bêbado, apenas aconteceu. Mas, uma vez bêbado, tive de arcar com as conseqüências. Tirei um cochilo — fechei os olhos por alguns minutos. Quando o telefone tocou, tinham-se passado três horas e o diretor estava ligando para a minha casa desesperado para me encontrar. Onde é que eu estava? Em quinze minutos eu estava em ação! Bem, pulei da cama e corri para a porta... e então percebi que *ainda estava bêbado*! Por esse motivo, faltei ao primeiro ato e cambaleei durante todo o resto do espetáculo tentando esconder o meu constrangimento e o fato de ainda estava confuso. Eu estava deprimido, nos bastidores, muito envergonhado, quando o diretor entrou e disse: "Seu idiota, você acabou de perder outra entrada em cena!" Ao sentir tanta pena de mim mesmo, criei um problema totalmente *novo*. Comecei com a bebida, mas acabei fazendo um monte de escolhas erradas.

Chega de falar nessa noite terrível. A julgar por todas as estatísticas publicadas sobre consumo de drogas por adolescentes, é possível que você já tenha ficado bêbado ou "alto" alguma vez, e que isso se repita. Na maioria dos casos, a pessoa curte e acha que tem o controle da situação. Mas como a minha própria história mostra, mesmo quando parecem inofensivas, as drogas são uma força poderosa que foge ao nosso controle. Sim, até mesmo o vinho.

Assim como no caso do sexo, não vou fazer das drogas uma questão moral; Buda também não fez isso. O objetivo dos preceitos é ajudá-lo a evitar a dukkha. Evitar o uso de drogas é um preceito porque elas agem sorrateiramente, e uma vez que isso acontece, podem realmente ficar fora de controle. Algumas pessoas *conseguem* usar drogas de forma segura, mesmo espiritualmente, como fazem certas religiões. Mas brincar com substâncias tóxicas é como brincar com fogo. Parece um jogo divertido que se pode controlar. Então, de repente, reduz a sua casa a cinzas.

espirais descendentes

Essa minha noite infeliz representa um bom exemplo de como podemos mergulhar numa espiral descendente quando alguma coisa sai errado. Fiquei bêbado e perdi a minha entrada em cena, mas isso é passado. Eu acabei dando um jeito na situação e consegui continuar o espetáculo. As coisas poderiam ter melhorado, mas eu piorei tudo quando decidi me identificar com os meus fracassos e não com as minhas possibilidades.

Todos nós temos a tendência de chafurdar nos nossos fracassos quando perdemos a confiança em nós mesmos. Essa tendência é ainda mais acentuada nos adolescentes. Quando alguma coisa sai errado, passamos a questionar o nosso próprio valor. Então, uma coisa leva à outra, num círculo vicioso. A conscientização dos fracassos mina a nossa determinação de obter êxito. Ficamos deprimidos. Começamos a ver os nossos fracassos como nós mesmos, e essa conscientização nos mantém presos no mesmo lugar. Em contrapartida, o budismo ensina que o que nos faz mudar é exatamente a conscientização de quanto as coisas estão ruins.

É claro que os adolescentes fazem escolhas erradas, e sempre farão — assim como os adultos. O segredo consiste em não ficar presos a elas. Digamos que você fez uma escolha errada e perdeu alguma coisa que considerava importante. É natural que fique triste e se apegue à única coisa que restou — a sua escolha errada. "Droga", você diz: "Perdi meu privilégio de dirigir porque fui a uma festa para me encontrar com o meu amigo X! Apesar de ele ser um amigo desleixado, vou continuar saindo com ele!" Parte de você sabe que isso não faz nenhum sentido. O que acontece é que você está transferindo a afeição que tinha por aquilo que perdeu exatamente para aquilo que o fez perdê-lo. Quando outra pessoa qualquer cair nesse tipo de armadilha mental, provavelmente acha a situação completamente estúpida. No entanto, você cai nela, e eu também. Todo mundo. Buda diz: pare! Em vez disso, analise a causa e o efeito. O que o levou a agir desse modo? É *disso* que você tem de desistir, por mais difícil que seja.

A depressão é endêmica na nossa cultura, sobretudo entre os adolescentes. Literalmente, milhões de jovens estão sofrendo de depressão. De uma perspectiva budista, essa não é nenhuma surpresa. Afinal de contas, a vida está cheia de dukkha. A questão é: o que se deve fazer quando se está deprimido?

Uma adolescente escreveu o seguinte sobre a sua depressão:

> *O melhor e mais gratificante de tudo isso é que agora eu sou muito mais benevolente e compreensiva com os outros. Por causa do meu problema, fiquei conhecendo outras pessoas que sofrem de depressão e consegui ajudá-las, por menos que fosse, simplesmente porque eu sabia o que elas estavam passando. O retorno positivo que recebi fez com que tudo valesse a pena. De uma forma mais universal, acho que a depressão estilhaçou parte do meu ego, de modo que eu agora vejo o meu sofrimento como parte de toda a nossa interligação e não como algo que*

> *aconteceu apenas a "mim". Conseqüentemente, sou muito mais compreensiva e estou realmente decidida a remover o máximo possível o sofrimento do mundo.*

Outra me disse:

> *Meu dia-a-dia é totalmente influenciado pelo budismo. Tem de ser. As Quatro Nobres Verdades regem a minha vida. O budismo não é apenas uma religião. É um modo de vida. É todas as pequenas coisas, com amor irradiante e paz de espírito. O budismo fez de mim uma pessoa melhor. Eu costumava me odiar, às vezes chorar até pegar no sono, pensar em suicídio; minha auto-estima estava muito baixa. Mas eu estou muito melhor agora. Eu me amo! Exatamente como sou. Não fico mais estressada. Eu sei o que é importante para mim.*

Embora ele não tenha curado essas adolescentes da depressão, o budismo enriqueceu a vida de ambas. Ajudou a primeira a ver a sua própria dukkha como parte de algo maior. Permitiu que ela compreendesse melhor os outros e transformasse essa compreensão em ação. Fez a segunda se sentir uma pessoa melhor e, talvez, o que é mais importante, alguém que podia aceitar e amar a si mesma. Dessa forma, ela conseguiu *resolver* seus problemas. Diante da realidade da depressão e das suas causas, essa é uma vitória.

bens materiais

Possuir bens materiais é ótimo; não há nada de errado nisso. Mas, além de não torná-lo melhor, eles podem aprisioná-lo. Eis uma citação assustadora:

Veja-os aos tropeços em busca dos bens materiais que tanto prezam, como peixes que se debatem no leito do rio quase seco.

SUTTA NIPATA

De que servem os CDs ou um par de sapatos da moda, quando você está se debatendo na lama como um peixe? Quero dizer, sem ser rude demais: nada. Eles não vão ajudar em nada.

Neste momento você não está morrendo, mas apenas nascendo. Você pode curtir seus bens materiais agora? Claro, curta-os. Apenas não tropece neles. Você gosta dos seus sapatos? Use-os! Você gosta dos seus CDs? Ouça-os! Buda concorda com isso. Mas a sua propriedade sobre eles é apenas um sonho, porque, assim como os sonhos, tudo passa. Você pode tentar pegá-los, mas não consegue agarrá-los. A sua vida é como uma série de sonhos curtos que sobem e descem. Os seus bens materiais são sonhos sem substância. Quando acorda, você não tenta pegar os objetos do sonho. Você está desperto. Vá em frente.

QUESTÕES RELEVANTES

Como a verdade está tão intimamente presente, você não consegue afastá-la de seus olhos. Quando você abre os olhos, ela os atinge; quando você os fecha, ela continua lá. Quando você abre a boca, você a expressa; quando a fecha, ela fala por si mesma. Mas se você tentar captá-la fazendo um esforço mental, ela ficou a oito mil quilômetros de distância para trás.

MESTRE ZEN DAHUI

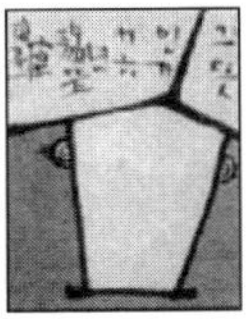

certo e errado

A cultura ocidental confere grande importância à moralidade, ao que é certo e ao que é errado. O budismo, ao contrário, nunca se preocupou tanto com os conceitos de certo e errado. Em vez disso, preocupa-se com o que afasta a dukkha e o que causa a dukkha, com o que é útil e o que é inútil, com o que é benéfico e o que é prejudicial. Portanto, vamos trocar o título desta seção por...

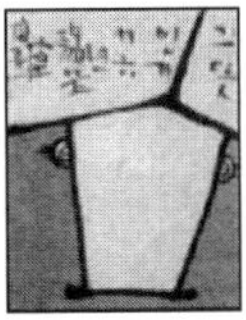

benéfico e prejudicial

Vamos analisar novamente os cinco preceitos:

UM: tentar não fazer mal a nenhum ser vivo sem necessidade.

DOIS: tentar não se apoderar do que não lhe pertence.

TRÊS: tentar não fazer uso inadequado do sexo.

QUATRO: tentar não mentir nem ferir com palavras.

CINCO: tentar não fazer mal a si mesmo com substâncias tóxicas.

As frases estão um pouco diferentes das que aparecem num dos capítulos anteriores. Tubo bem. Elas são traduzidas e interpretadas de diversas maneiras mesmo. Esse é um dos aspectos bonitos desses preceitos; trata-se de aspirações, e não de regras. Trata-se de modelos que tentamos seguir, e não de mandamentos para fazer certas coisas *senão...*

Outro aspecto bonito dos preceitos é que todos eles dizem respeito a evitar danos. O primeiro preceito contém todos os outros, por isso é o primeiro. Os demais se baseiam nele. O grande objetivo do budismo é reduzir ao mínimo os danos — à própria pessoa, aos outros, aos seres vivos, ao meio ambiente, a todo o cosmos. É algo que começa de dentro e se irradia pelo espaço e pelo tempo. Como vamos irradiar isso para a nossa vida?

Estamos constantemente causando danos. Estamos sempre deixando de cumprir nossas promessas e de pagar as dívidas, quer sejam financeiras, emocionais, sociais ou espirituais. Não se martirize por causa disso. Reconheça suas falhas, identifique o dano causado, procure remediar o mal, se puder, e vá em frente. Se você fosse passar o tempo se castigando por todos os seus erros, não sobraria tempo para fazer nada produtivo. Então, reiterando, uma ação motivada por ódio não é um erro, é uma escolha. É revoltante quando uma criança que matou o próprio colega de aula diz mais tarde: "Cometi um erro. Estou muito arrependido." Quando ele pegou a arma, carregou as balas, foi para a escola e abriu fogo, ele não estava cometendo um erro — estava escolhendo cometer um crime terrível motivado por ódio e medo. Nós não fazemos essas coisas, mas não vamos confundir erros com opções. Esse é o quarto preceito: não mentir.

Todos nós precisamos reconhecer que vamos continuar a causar danos neste mundo, mesmo sem querer. Não podemos evitar. Causamos danos ao tirar proveito de outros seres vivos, porque os comemos. Talvez esse seja um bom ponto para começar a analisar o nosso modo de vida.

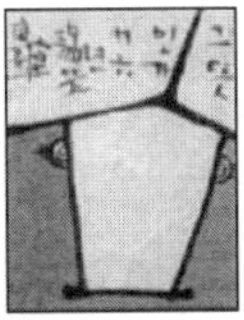

vegetarianismo

O vegetarianismo está em alta nos Estados Unidos, principalmente entre os adolescentes. Pode ser que você decida ser vegetariano por razões morais, porque, na sua opinião, matar animais para comer causa muitos danos. Buda certamente respeitaria essa decisão. No entanto, eu posso lhe dizer que Buda *não* era vegetariano, assim como a maioria dos monges budistas, mesmo hoje em dia. Na verdade, é como se Buda morresse depois de comer um pedaço de carne estragada. Apenas no leste asiático (e em alguns mosteiros do Ocidente), os monges são vegetarianos. Por quê? Porque Buda não estabelecia regras baseadas no que é certo e no que é errado. Ele estabelecia regras baseadas em benefícios e danos. Se oferecerem uma refeição que contém carne para um monge ele pode aceitá-la. Na verdade, ele *tem* de comê-la, caso contrário magoaria a pessoa que a ofereceu. Há apenas algumas poucas exceções a essa regra: os monges e as monjas não podem comer um animal que eles mesmos abateram, que viram ser abatido ou que foi abatido especialmente para eles. Mas estamos falando apenas de monges e monjas. Os budistas comuns sempre puderam comer o que quiseram, sem regras.

Obviamente, hoje em dia as coisas são diferentes do que eram na época de Buda. A produção industrializada de, digamos, carne de vaca contribui para causar danos terríveis aos animais e a todo o meio ambiente. Se Buda estivesse vivo, pode ser que proibisse monges e monjas de comer carne de animais criados em fazenda.

Cabe a você decidir se quer comer animais saborosos e causar danos ao mundo. Essa é uma decisão bastante difícil — e uma decisão que tomamos todos os dias. Você tem a oportunidade de tomar essa decisão espiritual de vida ou morte a cada refeição: será que como ou não este animal? Será que consumo ou não alimentos da base da cadeia alimentar? Será que causo danos a mim mesmo ingerindo essa carne? Pode não ser uma questão da *sua* vida ou morte, mas todos os dias é um dia de vida ou morte para alguma coisa. Será que as cenouras têm sentimentos? Por que não teriam?

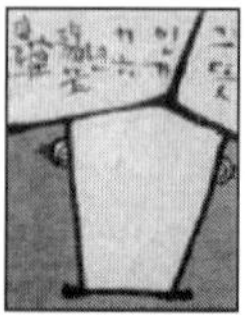

sendo prejudicial

O conhecimento de que estamos causando danos não pode ser evitado. Ele acompanha você. Isso é bom. Algumas pessoas não têm esse conhecimento. Mas, apesar de elas correrem atrás daquilo que querem, você nunca ia desejar ser uma delas. Essas pessoas nunca serão felizes porque não sabem o que é bom — tampouco sabem o que é bom. Isso faz sentido para você? Significa que elas não sabem o que as fará felizes, nem o que tornará o mundo feliz.

Você, que *realmente* tem essa consciência interior, pode se sentir sobrecarregado. Talvez pense: "Eu sei que vou à festa em vez de estudar com meus amigos, como eu disse aos meus pais." Depois pensa: "Não dá, porque mesmo se eles não descobrissem, eu ficaria preocupado." Por que você está preocupado? Porque sabe que *será* apanhado. Como? Você será apanhado *automaticamente* pelo tira perfeito: você. A princípio isso parece terrível, mas na realidade não é, porque vem direto da conscientização de que você quer eliminar os erros da sua vida. Lá no fundo, você quer que *todos* tomem uma posição e sejam honestos, sobretudo você mesmo. Essa é a sua natureza de Buda se manifestando. Portanto, quando se sentir culpado, fique orgulhoso. A sua culpa proclama a sua bondade.

Não tente negar a responsabilidade pelos seus erros, ou vai acabar se divorciando da sua própria natureza. Pode ser que você consiga tapear os outros, mas não a si mesmo. As vantagens a curto prazo oferecidas pela negação e pelo subterfúgio no final são engolidas pela alienação a longo prazo. Negar é mentir, e a mentira contradiz a realidade. Nesse caso, nem você nem Buda ficam felizes. Mesmo quando o benefício a curto prazo de uma mentira preenche a sua mente, o dano a longo prazo já começou a afetá-lo. No íntimo, você sabe que está se tornando falso, impostor, irreal. Você está morrendo.

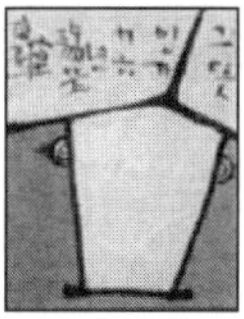

sendo prestativo

Lembra-se de que Buda disse que praticamente toda criatura viva foi a sua mãe numa vida passada? Bem, todos os dias aparecem novas declarações como essa na internet, de autoria de um cara chamado Meng, extraídas do site www.serve.com/cmtan/buddhism/index.html:

> Todas as outras criaturas vivas me devem dinheiro numa vida anterior.

Sim, Meng está brincando. Mas também está certo. Juntas, essas duas citações afirmam que todas as coisas estão inter-relacionadas, que todas as coisas estão profundamente interligadas. Trate-as com respeito, quer tenham lhe causado problemas ou lhe dado à luz. A maneira como tratamos os outros é a medida do sucesso que alcançaremos na vida.

Tome como exemplo as questões ambientais. Os budistas escreveram um livro explicando por que o budismo contribui para a preservação do meio ambiente. Aqui está a razão bastante simples: Se todo ser vivo foi a sua mãe em algum ponto do passado, você não tem uma grande responsabilidade de cuidar de todos esses seres e do ambiente no qual eles vivem? Buda era um ambientalista há 2.500 anos. Se quisermos honrar seus ensinamentos, precisamos, mais do que nunca, ser ambientalistas. Os jovens estão muito mais conscientes da necessidade de um desenvolvimento sustentável do que os mais velhos. Você tem algo a ensinar-lhes. Afinal de contas, é o seu futuro — e o futuro do planeta — que estão em jogo. O impacto dos seres humanos sobre o meio ambiente precisa ser ecologicamente sustentável, ou poderemos matar toda a nossa família com nossos carros, aparelhos de ar-condicionado e sacos plásticos.

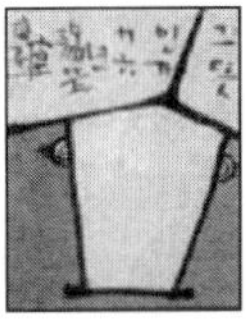

ansiedade

Quando eu era criança, e mesmo na época da faculdade, eu achava que o mundo logo seria destruído por uma guerra nuclear. Eu tinha pesadelos com as bombas caindo e realmente acreditava que nunca me tornaria adulto. Essa ameaça cessou, mas outras tomaram o seu lugar.

Os adolescentes de hoje vivem com medo de terroristas, de balas perdidas ou até mesmo dos colegas de classe. Cada geração tem seus próprios demônios. Talvez você descubra que o medo dessas coisas afeta diretamente a sua vida. A impressão é de que sempre há um temor à espreita capaz de tirar a alegria do presente e a esperança do futuro.

O budismo nos lembra de que esse tipo de ansiedade geral é inútil, que não traz nenhuma segurança adicional; pelo contrário, acrescenta mais dukkha. As ansiedades são como as perguntas que Buda disse que não levam à felicidade, ao despertar nem ao nirvana. Buscar as respostas para essas perguntas é uma completa perda de tempo. Então por que insistimos? Porque essas ansiedades e essas perguntas são formas que encontramos para não lidar com os problemas que realmente *podemos* resolver — mas não queremos.

Observação: isso não significa *ignorar* o mundo exterior. Toda esta parte do livro está cheia de técnicas para lidar com as situações externas e com os problemas externos. Nós já temos muitos desses problemas, não precisamos inventar outros.

Pegue a energia que você gasta se preocupando com suas ansiedades e use-as para fazer uma introspecção. Deixe de lado essas preocupações vagas e ocupe-se com aquilo que você pode mudar na sua vida: as questões de âmbito interno. Quando você assume a responsabilidade pelas questões internas, percebe que os fatores externos não são importantes. Você vai descobrir que quando se torna receptivo para as reflexões sobre si mesmo — sobretudo as reflexões críticas — as suas ansiedades externas desaparecem.

religião

Uma das razões pelas quais eu me tornei budista é que nunca *tive* de me tornar budista. É isso mesmo. Eu não sou budista. Mas sou budista.

O que estou dizendo é que não *importa* se você ou eu somos budistas. Simplesmente continue a viver a sua vida. Buda disse que qualquer caminho que leve para longe de dukkha é um bom caminho. Ele gostava dos seus discípulos, mas não exigia que eles o seguissem. Mais de mil anos depois, o mestre zen Wuzu Fayan disse: "O que devemos fazer? O que devemos fazer? A verdadeira oferenda a Buda não é queimar mais incenso."

Wuzu não precisa que você ofereça nada a Buda. E o Dalai Lama não precisa que você se torne budista. Isso lhe dá uma liberdade genuína. Você pode ou não ser budista. Não importa a sua religião, quando um amigo lhe pedir para ir à igreja, tente ir. Ou a uma sinagoga. Ou a uma mesquita. Vá em frente. Se fizer isso, a sua verdadeira oferenda consiste em fazer seu amigo feliz, em estar na companhia de pessoas que estão tentando compartilhar um pouco de paz. Nessa hora, não se preocupe com crenças difíceis de serem seguidas, escândalos da igreja, opressão feminina ou o que quer que esteja errado nessas religiões. Fique aberto para todas as coisas boas que elas têm a oferecer. Compartilhe-as com os fiéis. Tente ajudar a difundi-las. Você pode até mesmo tornar-se um membro. Seja o que for, Buda não se importa. Essa é a verdadeira prática budista, onde quer que você esteja.

pensando por si mesmo

As pessoas não precisam estar mentindo para que estejam dizendo absurdos. Uma pessoa sábia não confia em tudo o que ouve ou lê. (Pode acreditar no que eu digo...) Não importa se você ouviu na CNN ou na MTV, dos seus pais, do seu namorado ou namorada, você não pode simplesmente acreditar em tudo. O que fazer? Pense! Pense por si mesmo!

Aqui está a mais importante citação de todas as escrituras budistas:

Não se deixe levar por rumores, tradições ou boatos.
Não se deixe levar pela autoridade da escritura religiosa, nem pela simples lógica ou inferência, nem pela mera aparência, nem pelo prazer da especulação, nem pelas possibilidades vagas, nem por respeito ao "Nosso Mestre". Quando você tiver visto por si mesmo que "esses ensinamentos são primorosos, irrepreensíveis e sábios; que quando são seguidos conduzem ao bem e à felicidade", adote-os.

ANGUTTARA NIKAYA

Nestas famosas frases do Kalama Sutta, Buda diz: Tente! Veja se funciona. Só assim você saberá se quer apegar-se. Buda está falando sobre ensinamentos espirituais, mas esse conselho se aplica a todas as crenças. Não acredite em nada simplesmente pelas razões usuais ("porque sempre foi assim", "porque é uma ordem de Deus" ou "porque eu estou dizendo".) Acredite porque funciona para você.

Mas como decidir se algo funciona ou não para você? Será que Buda está dizendo: "Tudo o que funciona para você é bom; faça como quiser"? As pessoas (inclusive eu, admito) às vezes usam esse sutta para justificar seu próprio estilo de vida condescendente. Pegamos aquilo que nos convém das religiões, dos professores, dos políticos, das dietas, dos amigos, etc. O resto, rejeitamos dizendo: "Tentei, mas não gosto" ou "Ora, Buda disse: 'Veja por si mesmo, se isso o faz feliz.' Bem, essa parte de não se envolver com drogas não está com nada, portanto, vou eliminar." Epa!

Deixe-me esclarecer uma coisa: Buda *não* disse "Qualquer coisa que te excite". Talvez tenha sido Hugh Hefner... ou um daqueles coroas, de qualquer maneira. Buda disse para analisar com cuidado se algum ensinamento, autoridade, prática ou crença o torna mais capaz, irrepreensível, bom e feliz. Se torna, então siga. Isso é muito diferente de "Qualquer coisa que te excite". Buda afirma que o prazer indulgente não traz a verdadeira felicidade, e que certamente não é irrepreensível, sábio nem primoroso. O que traz a verdadeira felicidade é toda uma lista de coisas boas que ele forneceu. É um equilíbrio de ações e pensamentos positivos que se desenvolvem mais fácil à medida que se persiste. É o caminho, a prática, o próprio Caminho do Meio.

TERCEIRA PARTE

O CAMINHO BUDISTA

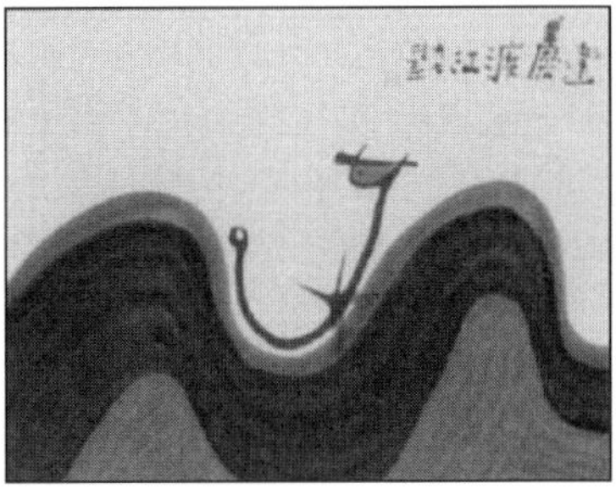

Os seres sencientes são incontáveis, juro salvá-los.

Os desejos são inesgotáveis, juro abandoná-los.

Os portões para o dharma são ilimitados, juro ultrapassá-los.

O caminho do Buda é inigualável, juro incorporá-lo.

OS QUATRO GRANDES JURAMENTOS MAHAYANA

QUE CAMINHO É ESTE?

A metáfora fundamental da vida como um caminho, tão fundamental para os ensinamentos budistas, já era amplamente usada na época de Buda. Na Índia e em todo o mundo, há milhares de anos as pessoas falam em seguir caminhos espirituais. Os primeiros cristãos, por exemplo, se intitulavam "Seguidores do Caminho". "Tao", no taoísmo, significa literalmente "Caminho". Buda se referia aos seus ensinamentos como "Caminho do Meio" e "Nobre Caminho Óctuplo". Os budistas gostam dessas metáforas porque elas revelam a conscientização da longa jornada que teremos de fazer para incorporar o sagrado. Vamos explorar algumas partes do caminho budista e analisar o que significa trazer esse caminho para a nossa vida.

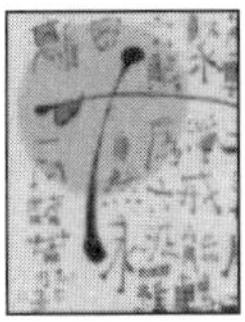

o caminho

Você não precisa se tornar budista para seguir um caminho budista. Você pode simplesmente dar alguns passos e ver se gosta do lugar para onde ele o conduz. Pode entrar e sair do caminho quando quiser. Só o fato de estar lendo este livro significa que você já deu uma olhada no percurso. Mas isso não significa que tenha de deixar de explorar outros caminhos que queira seguir. Por favor, continue! O budismo, e todas as religiões, deve enriquecer a sua vida, e não empobrecê-la. Este livro deixa que você continue no seu próprio caminho enquanto acrescenta a riqueza do budismo. Como me disse um rapaz de 19 anos que meditava havia anos: "Eu não me considero necessariamente um budista, mas estou sempre praticando o budismo."

Percorrer um caminho físico significa fazer descobertas inevitáveis e dar passos decisivos. Há a experiência surpreendente de visualizar o caminho pela primeira vez. Talvez o mais importante seja dar esse primeiro passo. Chega um momento em que você descobre que percorreu uma distância tal que não consegue mais visualizar nem o ponto de partida nem o ponto de chegada. Você simplesmente tem de confiar nos indícios do caminho sob os seus pés e no panorama à sua frente. Pode, então, vislumbrar ao longe o destino final. Isso não significa que você está lá, mas apenas que pode entrar em contato com suas sensações físicas. Dessa forma, o caminho se torna real para você. Por fim, para os fortes e pacientes, o destino final surge diante dos próprios olhos, e a extraordinária experiência de alcançá-lo se descortina. Você deixa de ser alguém que estava se dirigindo a um destino e passa a ser alguém que chegou a esse destino.

Assim como a peregrinação de um romeiro para um local sagrado, quando você percorre um caminho espiritual — sobretudo o do budismo — chega aos mesmos pontos de referência. Primeiro, encontra o caminho e aprecia a sua beleza. Depois, toma a iniciativa de dar o primeiro passo vital, seja aprendendo, meditando, conhecendo outras pessoas, cantando ou realizando qualquer outra prática — até mesmo lendo este livro. Você atinge um estágio em que não consegue mais visualizar o ponto de partida, mas o ponto de chegada também não está ao alcance da vista. É aí que os budistas passam a maior parte do tempo, talvez porque isso reproduza a ênfase budista de sempre olhar para trás, para dentro de si mesmo; dessa forma eles podem certificar-se de que a prática os está levando para a frente. O foco é interno, e não externo; portanto, é dentro de si mesmo que você pode esperar ver não apenas o caminho, mas também o *destino*.

Muitos budistas, talvez a maioria, vislumbram o destino na sua vida atual. O zen-budismo usa a metáfora das nuvens se abrindo e do sol que surge para descrever esse primeiro vislumbre do destino. Depois de ver o sol uma vez, embora as nuvens voltem à posição anterior, a pessoa sabe que ele ainda está atrás das nuvens.

> Mahayana significa "Grande Veículo" e refere-se à tradição budista que aceita uma ampla gama de formas de despertar. Surgida alguns séculos depois de Buda, é praticada na China, no Tibete, na Mongólia, na Coréia, no Vietnã e no Japão.

Dizem que pouquíssimos budistas, tanto agora como antigamente, atingem a budeidade ou estado de Buda. Embora não sejam Budas plenos no sentido de serem mestres, eles trazem a presença de Buda para a sua vida e para si mesmos. Eles são Budas e ao mesmo tempo pessoas comuns como nós. Na verdade, na concepção mahayana, *todo ser humano já é Buda*; portanto ser verdadeiramente "comum" é ser verdadeiramente Buda. (Mas isso só funciona quando a pessoa aceita a si própria como não-eu, como alguém que nunca está só e que está sempre conectada com tudo e é responsável por *tudo*.)

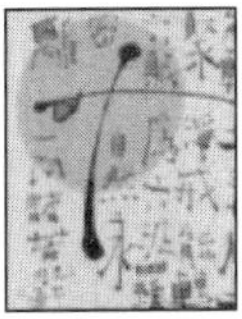

para onde conduz esse caminho?

O objetivo do caminho budista vem sendo debatido desde a época do próprio Buda, portanto você vai obter respostas distintas para essa pergunta, dependendo da pessoa a quem perguntar. A seguir, apresento uma amostra das concepções budistas sobre essa questão.

Todo budista (bem, quase todos; alguns budistas, como outras pessoas quaisquer, são realmente esquisitos) afirma que o objetivo é ser como Buda. Esse é um objetivo formidável e atraente, mas não é algo que muitos budistas esperam alcançar — ou mesmo tentam alcançar — nesta vida. Devido à dificuldade de perceber o despertar pleno, para alguns o objetivo do budismo é renascer como monge em vidas futuras. Eles acham que esse objetivo pode ser alcançado, pois representa um trampolim para se tornar Buda. Reencarnar como monge significa ter a liberdade (numa vida futura) de gastar todas as energias no sentido de fazer progressos ainda maiores na jornada para o despertar. Muitos budistas Theravada adotam conscientemente essa estratégia para a sua próxima reencarnação. (É claro que para renascer como um monge é preciso fazer algumas boas ações nesta vida.)

Os budistas Terra Pura do leste asiático adotam uma estratégia semelhante à dos budistas Theravada. Essa forma de budismo mahayana também considera o objetivo de despertar praticamente impossível nesta vida, e confia no poder de Buda Amida — outro Buda, uma figura compassiva e celestial — para ajudar seus seguidores a renascerem na Terra Pura em suas vidas futuras. A vida na Terra Pura torna muito mais fácil o despertar do que o fato de ser monge neste mundo.

> Theravada significa "Caminho dos mais velhos", e refere-se à tradição budista que enfoca as formas clássicas de despertar. É praticada no Sri Lanka, em Burma, na Tailândia, no Camboja e no Laos.

Alguns budistas Terra Pura, sobretudo em Taiwan e no Japão, acreditam numa versão diferente da Terra Pura. Eles não pensam nela como um outro lugar qualquer que não seja aqui e agora. Em vez disso, eles a vêem como algo que está apenas a um pensamento de distância, que podem criar mentalmente e na sua vida a cada instante — se conseguirem. Para eles, o objetivo do budismo é transformar este mundo triste na própria Terra Pura. Naturalmente, isso pode demorar um pouco.

Há também os budistas Vajrayana, que tomam a rota mais curta e mais rápida para o despertar. Eles acreditam que podem alcançar o objetivo do budismo — a liberação da mente, a alegria da união com o corpo cósmico de Buda — antes de morrer. Obviamente, diversas práticas extensas e árduas conduzem a esse nobre objetivo.

Os zen-budistas alegam várias coisas — nem sempre coerentes (eles são famosos embusteiros). Eles acreditam que seus mestres são Budas, pessoas despertas, e que, de fato, *todo mundo* já é Buda e que não há nada a ensinar para ninguém. "Essa mesma mente é Buda; essa mente comum é Buda." (Eu não estou inventando; vários mestres realmente disseram isso.) Seu objetivo é perceber a verdadeira natureza que eles já possuem, seu estado desperto intrínseco. Essa percepção pode ser comparada com o ato de se levantar pela manhã. Estamos tããããão cansados e queremos tannnnnto fechar os olhos novamente, mas o bolo já está assando e está na hora de tomar o café da manhã. O objetivo, nesse caso, é realmente despertar (ou estar desperto) e ficar feliz por cozinhar, comer ou seja lá o que for.

> Vajrayana significa "Veículo do Diamante", e refere-se à tradição budista que enfoca a relação da pessoa com o próprio mestre e diversas práticas simbólicas, inclusive meditação de divindades e práticas tântricas. Trata-se da tradição do budismo tibetano, mas também é praticada no restante do Himalaia, na China, na Coréia e no Japão.

Por fim, todas as tradições Mahayana e Vajrayana concordam que nenhum objetivo pessoal no budismo pode ser separado do objetivo supremo representado pelo despertar de todos os seres sencientes. Alguns budistas Theravada também concordam. Nesse caso precisamos ajudar todos os seres vivos a alcançarem a budeidade. Esse é o ideal do bodhisattva: incorporar o esforço altruísta para salvar todos os seres. Vamos dizer apenas que esse é um projeto a longo prazo.

Está bem, chega desse turismo pela soteriologia budista (termo sofisticado que designa a forma pela qual as pessoas vivem e morrem e o que deveríamos fazer a respeito delas). Os objetivos distantes do budismo na verdade não importam, exceto para nos orientar e inspirar no momento presente. O que importa agora é o que *fazemos* exatamente agora, o que *pensamos* agora, como nos *sentimos* agora. E, graças a Deus, nesse nível prático todas as tradições budistas concordam com certos princípios. O mais fundamental de todos é a idéia de que tudo se resume à felicidade.

Buda repete insistentemente nos textos sagrados que ele é um médico, que veio para nos fazer sentir melhor. Com efeito, ele veio para eliminar a doença da dukkha. Tudo o que ele quer é que sejamos mais felizes, que nos livremos dos problemas, da dor e do sofrimento. Simples.

Eu costumava ficar ansioso para atingir a "iluminação". Agora eu nem sequer gosto dessa palavra. Ela certamente é atraente, espiritualmente *sexy*, mas e daí? Buda não ensinava a alcançar a iluminação. Ele falava em descobrir a tranqüilidade, a paz e a equanimidade. Algumas vezes nós chegamos a falar em liberação. Liberação do quê? Da dukkha.

Eu lhe pergunto: o que é iluminação? Talvez você tenha uma resposta encantadora e sublime. Aqui está a minha: Iluminação é aquilo que me impede de fazer o que eu realmente deveria — despertar para a realidade para que eu possa ser mais feliz. Se estivermos preocupados em despertar e não em alcançar a iluminação, o fato de sermos ou não budistas não será tão importante. Os adolescentes com quem conversei são sábios a esse respeito. Um deles escreveu o seguinte:

> *A vida de compaixão e compreensão que você começa a integrar ao seu mundo realmente se torna inseparável. Em outras palavras, não há como dizer onde começa a minha metade budista e onde termina a minha natureza adolescente; as duas estão entrelaçadas quase por completo. Imagino que simplesmente não se possa viver uma vida de compaixão e não se confundir com ela. De certo modo, isso é maravilhoso!*

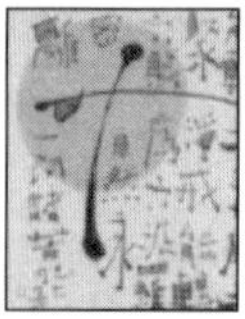

sabedoria e compaixão

As duas grandes virtudes do budismo, sabedoria e compaixão, se misturam. As duas são inseparáveis, como todas as boas coisas budistas. Todas as vertentes budistas concordam que a incumbência dos seres humanos neste mundo é incorporar essas virtudes. É isso que os budistas querem dizer quando falam sobre trilhar um caminho budista.

A sabedoria vem primeiro, pois dela flui a compaixão. A essência da sabedoria budista é que "não somos dois". Nenhum ser é isolado, independente, livre, sozinho. Observe que gostamos de alguns desses adjetivos ("não viver sozinhos"), mas não gostamos de outros ("não ser livres")? Isso acontece porque desconhecemos a sabedoria que estamos buscando. Nós nos sentimos independentes e livres, e gostamos disso. Mas se fôssemos verdadeiramente livres e independentes, seríamos também verdadeiramente solitários, verdadeiramente sem bases e verdadeiramente isolados. Com certeza, não queremos *isso*. A realidade é que estamos bastante enredados numa teia de relacionamentos que se estende a todos os seres vivos. Na verdade, estende-se a todas as coisas que atuam e a todas as coisas que travam relacionamentos. Isso inclui tudo o que existe na nossa biosfera e talvez além dela. Em última análise, é tudo nós. É tudo eu. É tudo você. Esse conhecimento constitui a raiz de toda a sabedoria budista. O significado fundamental de percorrer um caminho budista é aprofundar a nossa sabedoria — e agir de acordo com ela.

É aqui que entra a compaixão. Se "não somos dois", como podemos deixar de ser compassivos? Veja o próprio significado da palavra: compaixão significa "sofrer junto". Se você sente dukkha junto com outra pessoa, ou com outras pessoas, no fundo elas são você e, portanto, obviamente, você será compassivo com elas-e-você. Você não conseguirá evitar. Você vai agir naturalmente com compaixão assim como age naturalmente diante da fome ou do sono. Trata-se apenas do processo de despertar. O segredo é manter esse processo em andamento quando os velhos hábitos de pensamento egoísta aflorarem.

Como eu disse, todas as formas de budismo estão de acordo em relação à sabedoria e à compaixão. Mas cada uma tem a sua maneira de aconselhar e orientar as pessoas para que elas possam adquirir mais sabedoria e compaixão. Por exemplo, uma adolescente descreveu suas práticas com animais:

> *Libertamos peixes, caranguejos ou grilos. Se um lama estiver por perto, legal, mas não precisa ser um ato budista. Trata-se apenas de um ato de libertação... Precisamos ter compaixão por tudo. Só porque as criaturas não são bonitas e cobertas de pêlo não significa que não tenham o direito de viver.*

Na verdade, ela salvou um *rato* que encontrou perto de casa e tratou dele até que ele ficasse bom. O rato fugiu do seu pequeno hospital três vezes, e todas as vezes ela o encontrou e continuou a cuidar dele. No final, ele ficou forte o bastante para sobreviver sozinho.

Em outro nível, sabedoria e compaixão formam a base dos quatro grandes juramentos Mahayana. O primeiro juramento diz "Seres sencientes são incontáveis; juro salvá-los". Por quê? O juramento vem da compaixão, e a compaixão vem da conscientização de que todos esses seres vivos não são diferentes de você. Eles não são separados de você. Você só será salvo quando todos eles forem salvos. Talvez você nem precise fazer esse juramento. É assim que as coisas são.

ser budista: o caminho propriamente dito

Até agora você obteve informações sobre como deve se orientar no caminho: procurando-o, encontrando-o e analisando para onde ele leva. Agora, vamos passar para a trajetória desse caminho.

> Assim como é fácil tombar um vaso sem a sua base, mas é difícil tombar um vaso com a sua base; é fácil perturbar uma mente sem algum tipo de base, mas é difícil perturbar uma mente com algum tipo de base. Qual é a base da mente? O Nobre Caminho Óctuplo.
>
> SAMYUTTA NIKAYA

Esse caminho o mantém íntegro, andando na direção certa com os pés no chão. Lembra-se do Caminho Óctuplo de que falamos no início do livro? Para ver como cada passo conduz ao próximo durante o percurso, reflita sobre os oito fatores na ordem tradicional.

Visão correta e *intenção correta* representam a seção da sabedoria do caminho. Como a sabedoria leva à compaixão, visão correta e intenção correta levam ao aspecto ético seguinte do caminho. Tudo começa quando se passa a ver as coisas a partir da perspectiva budista. Visão correta significa perceber que existem ações e os frutos das ações. As suas ações, inclusive as mentais, e os seus frutos formam a sua vida (e vidas) futura. Felizmente, essa idéia não difere tanto da idéia básica de causa e efeito, que a maioria de nós aprendeu. A palavra budista é *karma*, mas não fique ansioso a esse respeito também. O budismo pede que você admita que é responsável pelo que faz e que perceba que fazer o que é certo não é simplesmente um fardo, mas uma oportunidade interminável de mudar para melhor o mundo em que vive.

A intenção correta é uma conseqüência natural. De fato, é nesse ponto que a compaixão se encaixa no Caminho Óctuplo. Intenção correta é a determinação de renunciar ao egoísmo, de se libertar do ódio, de não causar danos e de fazer o bem para todo o mundo.

A intenção correta leva inevitavelmente à próxima seção do caminho: a moralidade. Com a intenção correta, começa-se imediatamente a usar a *linguagem correta* — evitando mentiras, palavrões, abusos ou mexericos. A fala, no entanto, é apenas o começo. O caminho budista integra todos os aspectos da vida. Um bom budista também pratica a *ação correta* — evitando matar, roubar, fazer uso inadequado do sexo ou participar de outras atividades prejudiciais.

Além disso, é preciso pensar seriamente sobre o que se tem de fazer. O próximo passo no caminho é o *modo de vida correto*, que significa não fazer nenhum trabalho que possa causar danos ao mundo. Se as diversões prejudiciais são erradas, certamente o trabalho prejudicial, pelo qual se é pago para fazer, também é errado. Você pode dizer que a responsabilidade é do seu patrão. Mas é sua também. Se você é um executivo que está enriquecendo enquanto as ações da empresa estão indo por água abaixo, ou se você vende pacotes de viagem enganosos para pessoas idosas, nem pense em dar a desculpa de que obedeceu ordens. Talvez você apenas frite hambúrgueres que só existem à custa de florestas tropicais devastadas e dos resíduos tóxicos de rios poluídos e assoreados, e que entopem as artérias de pessoas que poderiam ter uma vida longa cheia de amor. Talvez esse seja o único trabalho que você conseguiu arranjar. Tudo bem, mas talvez esteja na hora de fazer uma séria introspecção sobre um modo de realmente ajudar o mundo e ser pago para isso.

A terceira seqüência no caminho envolve cultivar a mente e aprofundar a prática. Começa com *esforço correto* — simplesmente o esforço para *ser* budista e *agir* com sabedoria e compaixão. O esforço correto vai além da fronteira entre o interior e o exterior. Está na sua mente, mas também nos seus atos. É o esforço correto que o impulsiona no seu caminho. É a transição da seção da ética para a seção de desenvolvimento interior. Sim, exige certo trabalho e energia. Não cai do céu. É preciso escolher e fazer, e é preciso fazer a escolha e o esforço cerca de 108.000 vezes por dia. Está certo, talvez apenas 108, mas eu não estou brincando; poderia ser realmente 108 vezes por dia. É por isso que é chamado de *prática* budista. Você tem de *praticar* todos os dias. E, sim, com o tempo fica mais fácil.

Atenção correta significa simplesmente ficar atento, vigilante. A maioria das pessoas desvia com facilidade a atenção daquilo que está bem diante delas. Ficam absorvidas em suas fantasias, preocupações e temores. O desafio consiste em ficar atento, vigilante à relação entre seus estados interior e exterior. Ser atento significa não julgar as coisas, mas permanecer consciente delas e das suas reações a elas, quer sejam reflexões, sensações físicas, situações externas ou qualquer outra coisa. A atenção é aberta. Ela tem espaço. Imagine a mente aberta e relaxada do próprio Buda: aceitando todas as coisas mesmo quando estava tentado a melhorá-las. Ser atento está muito próximo de ser como Buda.

Por último vem a *meditação correta* ou concentração: concentrar a mente num único ponto, ajudando a tranqüilizá-la de modo que não haja *stress* — ou até mesmo nenhum pensamento. Embora a meditação seja um elemento isolado do caminho, ela se soma a todos os outros.

MEDITAÇÃO

Com bastante prática, você se torna Buda;
Água mole desgasta a pedra dura.
Cabeças duras também podem amolecer.
As pessoas pensam apenas que seu coração endureceu.

SHIWU

"Meditação é o esvaziamento da mente."

"Não se trata de uma determinada atividade. É qualquer coisa que me faz concentrar em algo e em nada mais. É o impulso para a concentração."

"[É como observar o pôr-do-sol.] Não é que se esteja tentando obter qualquer coisa do pôr-do-sol. Ele apenas está lá."

CITAÇÕES DE
ADOLESCENTES BUDISTAS

o que é meditação?

Essa deveria ser uma pergunta fácil de responder, mas é como perguntar o que é o amor. A meditação contém tantos aspectos, tantas perspectivas, tantos modos de ser feita que não pode ser reduzida a uma rápida resposta. A melhor definição que posso oferecer é a seguinte: meditação são modos de fazer com que a mente compreenda a si própria.

Não me refiro a "compreender" de uma forma intelectual, como o neuropsicólogo compreende os padrões da atividade cerebral. Trata-se de uma compreensão de fatos, mas não uma experiência de conhecimento interior. A compreensão budista começa de dentro e reconhece o que está se passando neste exato momento no interior da mente. A meditação o ajuda a compreender como e por que a sua mente age, pensa e deseja, permitindo que você perceba essas coisas no momento em que elas ocorrem.

Mas a meditação vai além disso. Você começa com o restante do Caminho Óctuplo — ou com qualquer outro modo de ser sábio e compassivo, como outras religiões proporcionam. E quando acrescenta a meditação, adquire a capacidade de mudar a sua mente. Você muda, literalmente, a maneira como a mente funciona. Por que mudar a mente? Em geral, para ficar mais feliz. Ao usar o instrumento da meditação para revelar os seus mecanismos mentais, você pode se reprogramar para se livrar da cobiça, da ignorância e do ódio, substituindo-os por serenidade, satisfação, sabedoria, amor e alegria. Quem não quer isso?

Então, por que todo mundo não medita? Por duas razões principais. Em primeiro lugar, algumas pessoas aprendem que a meditação de algum modo vai contra a religião e que torna a pessoa suscetível à influência de poderes do mal. Eu não estou brincando; essa era a posição oficial da Igreja Católica na época em que escrevi este livro. Isso é uma ignorância tão grande e tão prejudicial que é melhor eu não falar mais nada a esse respeito. Não quero lançar mão da linguagem errada!

Há outra razão mais compreensível pela qual as pessoas evitam a meditação: ela pode ser realmente difícil. É difícil meditar quando oferecemos resistência. Algumas vezes, a mente não quer se libertar da noção aprendida a duras penas sobre solidariedade e egoísmo. Temos trabalhado nessa noção de eu desde a época em que estávamos aprendendo a andar, e em alguns níveis ela é necessária para a nossa sobrevivência; por isso nos apegamos a ela. Resistimos à meditação também porque preferimos a diversão externa à felicidade interior. Isso pode parecer estúpido, algo que jamais alguém ia querer, *mas a maioria das pessoas sente-se assim durante todo o tempo*. Reflita sobre si mesmo com honestidade. Quando tem oportunidade, você não se sente imediatamente atraído a fazer a coisa mais excitante e divertida? Então, seja bem-vindo ao clube, você é um ser humano.

O problema é que essa busca por diversão e excitação nunca é totalmente bem-sucedida. No final, sempre fracassa quando morremos. Esse não pode ser o caminho para a felicidade. A verdadeira felicidade é interior e vem da mudança que você opera na mente depois que aprende como ela funciona. A meditação pode proporcionar isso porque revela os mecanismos da mente e permite que você os repare.

Por oferecerem resistência, e porque a meditação requer tempo, energia, um local tranqüilo e um pouquinho de conhecimento, a maioria das pessoas em todo o mundo não medita. A maioria dos budistas também não medita, e não se pode ser um excelente budista sem meditar. No entanto, quase todos os jovens interessados no budismo meditam, e eles estão certos. Para muitas pessoas, a meditação é a única coisa que as impulsiona no caminho.

Conceitos como linguagem correta e até mesmo esforço correto de certa forma são bastante óbvios; mas meditação é outra história. Ela vai contra todos os hábitos de pensamento que a maioria das pessoas cultivou ao longo da vida. Entretanto, ela produz resultados positivos imediatos em todo o espectro do corpo e da mente. Se você tentar, logo descobrirá que pode obter benefícios que vão desde se livrar do *stress* até tirar as melhores notas. A meditação pode ajudá-lo até mesmo a despertar.

meditação tranqüilizadora

Os diversos métodos de meditação budista podem ser reduzidos a dois tipos principais. O primeiro tipo é *samatha*, ou meditação tranqüilizadora. Não se trata de fazer você dormir. Isso não é meditação, tampouco é calmo — pense em como os seus sonhos podem ser agitados. Samatha é mais uma concentração mental, mas não é como se concentrar num problema de matemática ou no trânsito quando se está dirigindo. Esses processos são demasiadamente ativos e lineares. Na samatha, concentração significa enfocar os pensamentos em algo imutável, não com o propósito de fazer alguma coisa com esse objeto, mas simplesmente de deixar que ele preencha toda a mente. Samatha acalma a mente cada vez mais até que ela atinge um estado de verdadeiro repouso e serenidade chamado *samadhi*. (Os termos samatha e samadhi são parecidos porque ambos possuem a mesma raiz, que significa "paz".) Outras religiões também praticam esse tipo de meditação, principalmente o Hinduísmo. Quando praticava meditação e automortificação com os ascetas na floresta, depois de sair de casa, Sidarta estava tentando fazer uma imersão ainda mais profunda em estados abertos e serenos de meditação.

Na meditação samatha, começa-se concentrando-se num objeto real ou numa imagem mental. Tenta-se desenvolver uma mente unidirecional, livre dos impedimentos de má vontade, preguiça, cobiça e de outros pensamentos semelhantes. Concentra-se unicamente no objeto. Depois de muita prática, consegue-se até mesmo deixar de lado o objeto e concentrar-se em experiências interiores. Ao fazer isso, a concentração e a calma aumentam, e toda vez que se senta para meditar percebe-se que cada vez é mais fácil atingir esse estado. Não se trata simplesmente de adquirir uma habilidade;

> Outras religiões *também* têm caminhos meditativos, apesar de chamá-los por outros nomes. Por exemplo, o Cristianismo contemporâneo tem "orações para concentração", e o Islã tem o "dhikr", a repetição do nome de Deus.

esse é um processo agradável que toca mais profundamente do que os prazeres passageiros. Samatha fornece uma base a partir da qual pode-se observar o que está se passando na mente. Essa análise é o outro tipo de meditação.

meditação do discernimento

Discernimento, tradução comum de *vipassana*, significa literalmente "visão clara". Em seus caminhos meditativos, o budismo lida mais com o discernimento do que qualquer outra religião.

Na meditação vipassana, você não se esforça para adquirir tranqüilidade. O objetivo é a percepção intuitiva. Você observa bem dentro da sua mente para ver como e por que ela está agindo daquela forma. Você começa a ver como um pensamento leva a outro, e como uma atitude ou desejo leva a uma reação natural que pode ou não ser positiva. Quando percebe o que realmente está se passando na sua mente, fica realmente surpreso: você precisa mudar e tem os meios para fazer isso. Esse poder é a coisa mais forte do mundo, e agora você o possui. A meditação do discernimento coloca esse poder bem nas suas mãos.

Pode-se adquirir esse poder sem meditação? É claro que sim. Grandes espiritualistas em todas as culturas e em todos os tempos conseguiram esse poder, e a maior parte deles não era budista. Eles adquiriram esse discernimento sem a meditação budista, e você também pode conseguir. É claro que cada uma dessas pessoas era uma em um milhão com uma capacidade intelectual fantástica e um grande poder de conscientização, compaixão e disciplina mental. Você tem todas essas qualidades? Se não tem, talvez tente a meditação.

COMO MEDITAR

> O que é a meditação sentada? Neste ensinamento, sentar significa, em todas as circunstâncias e sem qualquer obstrução, evitar o pensamento ativo. Meditação significa manifestar a clareza da natureza original.
>
> O SUTRA DA PLATAFORMA

As instruções a seguir vão permitir que você comece imediatamente a meditar — se você se esforçar para isso. Esse é um grande começo, e também um passo importantíssimo no caminho da meditação.

Mas eu não sou um instrutor de meditação. Sou apenas um iniciante como você, e minhas instruções, neste capítulo e em todo o livro, representam apenas os fundamentos básicos. Se você decidir seguir o caminho budista, terá de aprender mais sobre assuntos como as armadilhas da meditação e o orgulho ou a frustração que pode vir a sentir. Certamente, você vai precisar de um professor com o qual possa conversar e contar histórias — alguém que realmente conheça meditação e que também o conheça bem — para orientá-lo à medida que você fizer progressos, o que este livro não pode fazer. Se você continuar a fazer meditação, vai aprender cada vez mais a meditar. Pode começar com a internet, onde encontrará ótimas instruções de meditação. No final, porém, a menos que você seja uma dessas pessoas espiritualmente virtuosas, que são uma em um milhão, vai querer ter o seu próprio professor.

Por enquanto, aqui estão duas meditações básicas que podem ser feitas em diferentes situações. Uma delas pode ser feita a qualquer hora, em qualquer lugar. É tão rápida que as pessoas à sua volta nem precisam saber o que você está fazendo; por esse motivo, é bastante prática quando se está em locais públicos, onde seria estranho realizar qualquer atividade claramente budista ou religiosa.

A segunda técnica é uma meditação plena que inclui um elemento de samatha e um elemento de vipassana. É a meditação que eu faço; portanto eu posso lhe dizer o que descobri sobre ela. Essas duas meditações podem mudar a sua mente. Elas formam a base de vários exercícios que você vai aprender mais adiante neste livro.

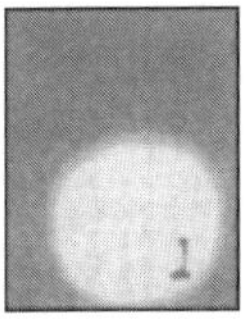

meditação secreta

Nessa técnica simples de meditação, a respiração é usada para direcionar a mente para outro local. É preciso apenas algumas respirações — às vezes, apenas uma! Cada respiração é seguida por uma sensação profundamente serena e agradável, que muda imediatamente a experiência que se tem do mundo. Uma respiração pode fazer a diferença entre a raiva e a piedade, entre a frustração e a aceitação.

Ela funciona da seguinte maneira: a qualquer hora — até mesmo agora, neste exato momento, portanto, vamos praticar — concentre-se na respiração e curta esse ato. Acabou, é só isso. Não poderia ser mais simples, mas vou lhe dar um treinamento um pouco maior.

O primeiro passo para fazer essa meditação rápida consiste em afastar os pensamentos de qualquer outra coisa. É por isso que é mais fácil ficar sentado durante a meditação. Antes de tentar meditar em movimento, pratique sentado. Se você tentar fazer essa meditação secreta enquanto anda, enquanto corre ou realiza outra atividade qualquer, deixe que essa atividade simplesmente aconteça, sem esforço, durante toda a meditação.

Relaxe. Mesmo que você tenha de continuar a se movimentar, não gaste energia para mexer os membros ou mudar a posição do corpo. Deixe que o processo prossiga naturalmente. Você vai descobrir que grande parte do que faz durante todo o dia não precisa da sua atenção permanente.

Se possível, feche os olhos, embora a meditação também possa ser feita com os olhos abertos. Relaxe os olhos e não fixe o olhar em nenhum objeto em particular. Deixe cada objeto do seu campo visual no lugar em que está, no seu lugar costumeiro. Não há necessidade de prestar atenção em nada. Quando você não estiver mais vendo nada, mesmo que seus olhos estejam abertos, não vai haver concentração; nenhuma energia mental irá para nenhum objeto em particular.

Em seguida, concentre-se na respiração. Feche a boca e sinta o ar entrando pelas narinas. Sinta a barriga se expandir com o ar no diafragma. Deixe que ela se estenda e depois volte ao normal. Você vai sentir tensão quando a barriga se expandir durante a entrada do novo ar, e também quando ela estiver cheia de ar, um pouco antes de expirar. Essas sensações são normais; não se preocupe.

A mente é o elemento mais importante nessa meditação, assim como em todos os tipos de meditação. Volte a sua mente para a ação perfeita e infinitamente repetida de inspirar e expirar. Curta a respiração, esse fluxo de ar que entra e sai. Há algo de liberador na respiração. É a sua própria vida e, no entanto, é também algo que foge ao seu total controle. Isso é tão vital, tão íntimo e ao mesmo tempo tão livre. Se você tentar controlar, vai estragar tudo. Em vez disso, veja-a, flutue nela, aceite-a.

É só isso. Leva mais tempo para descrever do que para fazer. Quando você conseguir meditar, todas as coisas, menos a respiração, desaparecem — até mesmo você. Apenas a respiração permanece, relaxada, tranqüila, serena. À medida que você medita, a raiva, a preocupação ou qualquer tipo de emoção que você estivesse sentindo no início vai desaparecer junto com tudo o mais. Que liberação!

Essa liberação dura? É claro que não. Afinal de contas, essa é uma meditação rápida e secreta. Mas como é "rápida e secreta", isso significa que você pode fazê-la antes de uma prova ou até mesmo *durante* a prova. Pode fazê-la durante o namoro, enquanto conversa com alguém que não suporta, ou sempre que quiser. Sejam quais forem as circunstâncias, sempre que meditar você vai sentir uma liberdade imediata. Além disso, sentirá uma sensação de presença no momento e terá uma noção da carga emocional que sentia antes de começar. Esse é o poder da meditação, e não é apenas momentâneo. Os sentimentos colocam permanentemente em perspectiva aquela sensação de estar preso a emoções. Dessa forma, a meditação aponta o caminho para uma liberação realmente duradoura.

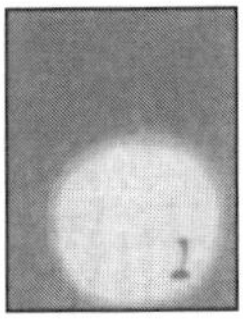

meditação plena

Os princípios da meditação secreta também se aplicam à meditação plena. Mas a meditação plena é mais longa e inclui diversos elementos importantíssimos que formam a base das técnicas mais avançadas da meditação. Como iniciante, é melhor meditar sentado até obter mais orientações de um professor especializado. A meditação sentada é mais fácil de fazer, pois, além de ser fisicamente mais simples, a possibilidade de ter a atenção desviada pelo ambiente é menor.

Em primeiro lugar, encontre um bom lugar para meditar. É difícil fazer meditação num ambiente onde existem elementos que dispersam a nossa atenção. Obviamente, sempre haverá elementos de distração, mas é preciso reduzi-los ao mínimo. O quarto pode ser o melhor lugar para meditar. Você pode apenas sentar-se na cama. É claro que é melhor ter um lugar especial para fazer a meditação, onde se possa sentar numa almofada e acender um incenso num altar, mas nada disso é necessário. Isso apenas o ajuda a se concentrar. O verdadeiro poder vem de dentro. Sente-se em qualquer lugar.

Escolha um período do dia para fazer meditação. Pode haver certa flexibilidade, mas é melhor escolher um horário e tentar mantê-lo todos os dias. Por exemplo, dez minutos pela manhã ou depois da aula, ou então vinte minutos antes de ir para a cama. Vá com calma, não tente fazer muito tempo de meditação no início para não ficar esgotado. É melhor meditar durante cinco minutos do que não meditar durante meia hora. Depois de anos de prática, eu consigo avaliar por quanto tempo meditei. Você pode marcar o tempo com um relógio despertador, se tiver um com som agradável, como um despertador com CD programado com música suave. Um telefone celular com alarme vibrador é perfeito. Coloque-o atrás do travesseiro em que estiver sentado. O método tradicional consiste em queimar um incenso até o fim. Existem incensos de diferentes tamanhos para diversos tempos de meditação. Ou então deixe um relógio ao alcance da sua visão e dê uma olhada quando achar que o tempo esgotou. Ou simplesmente calcule. Ninguém está cronometrando.

Alguns professores afirmam que certas posturas, como a posição de lótus, em que os pés ficam sobre a coxa da perna oposta, tranqüilizam a mente. Como iniciante, não se preocupe com a posição. Apenas encontre um modo de se sentar em que possa ficar imóvel por uns dez ou vinte minutos, ou até mesmo por meia hora, sem ficar irrequieto. Tente colocar um travesseiro sob as nádegas e sente-se de pernas cruzadas com a planta dos pés se tocando — e *não* com um tornozelo cruzado sobre o outro. Essa postura é chamada de Burmese, e funciona para mim. Você pode até mesmo sentar-se numa cadeira. Na verdade, pode até mesmo deitar-se na cama. Isso é muito confortável. Mas infelizmente é confortável *demais*: você pode acabar pegando no sono! É por isso que os professores não recomendam essa posição.

Sente-se ereto, mas não como se estivesse no exército; apenas não deixe as costas curvadas. Isso não é bom para você, quer esteja meditando ou não. Incline um pouquinho o corpo para a esquerda e para a direita, para a frente e para trás, para encontrar o seu centro e sentar-se com o corpo reto. Relaxe os braços e deixe que eles repousem naturalmente sobre as suas pernas. Você pode apenas colocar as palmas sobre as coxas ou fazer algo que os zen-budistas fazem: colocar a mão esquerda em concha sobre a mão direita, as palmas voltadas para cima, de modo que os polegares se toquem de leve. Deixe os braços repousarem no colo. É fácil.

Agora você está pronto para começar. Respire fundo algumas vezes e solte o ar lentamente. Relaxe na sua postura. Você pode manter os olhos fechados ou semicerrados. Os zen-budistas preferem ficar com os olhos semicerrados, e essa é a forma que recomendo. Assim você permanece alerta mas não fica distraído pelas coisas que estão ao seu redor. Pode ser que você queira ficar virado para a parede, também como alguns zen-budistas. Ficar diante de uma parede branca acalma. Deixe a cabeça levemente inclinada para baixo e feche a boca, mas não deixe os dentes cerrados. Relaxe. (Eu já disse isso antes? Bem, isso é fundamental.) O seu corpo está meditando... mas, e a sua mente?

Tente fazer o seguinte: depois de respirar fundo duas ou três vezes, respire de maneira normal e conte mentalmente a sua respiração. Conte "um" quando inspirar, "dois" quando expirar, "três" quando inspirar e "quatro" quando expirar, e assim por diante, até dez. Em seguida, comece de novo. Quando perder a conta — digo "quando" porque você *vai* perder a conta — volte para "um". Deixe a mente ficar ocupada apenas com a contagem. Não pense em mais nada. Simplesmente conte várias vezes a respiração até dez. Parece fácil, não? Mas não é.

> Existem outras formas de meditação além das mencionadas neste livro. Um jovem budista me falou sobre uma forma de meditação informal: *"De vez em quando, minha meditação é jogar basquete. Às vezes, tenho um fluxo maior de pensamentos durante a meditação do que em casa. Mas no basquete eu tenho esse ímpeto, me esqueço de tudo. Para mim isso é meditação. Faço melhor meus trabalhos escolares depois de jogar basquete... Quando estou jogando, penso sem me dar conta disso. É como salvar a vida de alguém. Você pega e faz."*

Na verdade, o grande desafio da meditação é vencer essa dificuldade. Poucas pessoas conseguem realmente dominar a técnica de contar a respiração. Algumas vezes você não consegue nem sequer contar até dez uma vez durante a meditação! Mas não se deixe abater. Qual é a finalidade de contar até dez? Nenhuma. O objetivo da meditação é acalmar a mente para que se possa compreender os seus mecanismos. Quando você consegue ver a sua própria mente, você tem a oportunidade de mudá-la. Portanto, a contagem é para que você possa se concentrar na sua mente. Essa é uma forma de meditação tranqüilizadora. Obviamente, essa concentração permite que você observe os mecanismos da mente; portanto, esta também é uma forma de meditação de percepção intuitiva.

Isso lhe parece básico demais? Nem um pouco exótico como você imaginava que a meditação fosse? Não se deixe enganar; essa é a verdadeira meditação. Existem outras técnicas mais sofisticadas, mas os objetivos de todas elas são tranqüilizar e possibilitar uma visualização da mente. A forma de meditação que descrevi aqui é uma das mais puras e atinge ambos esses objetivos. Ela tem uma riqueza que você não vai esgotar tão cedo. Até mesmo os praticantes de zen altamente experientes aprendem com esse tipo de meditação. Como costumo dizer, essa é a meditação autêntica.

COMO ENCONTRAR O SEU CAMINHO

É melhor que você se livre de tudo, e seja receptivo e comum. Sinta a verdadeira liberdade da mente condicionada e veja todas as coisas como sonhos e ilusões. Fique totalmente atento, reaja imediatamente a esse momento. Isso lhe dará o verdadeiro respaldo de que gozam todos os chefes-de-família budistas despertos.

À medida que aumentarem as suas habilidades, você vai ajudar todos os seres para que, juntos, vocês entrem no oceano que simplesmente flui da sua natureza original. Assim, a sua vida não será desperdiçada.

YUANWU

sangha: a comunidade budista

Há outro ingrediente que o torna um verdadeiro budista. Na verdade, nos países budistas tradicionais, esta é uma condição *sine qua non*. Trata-se de se associar a uma comunidade budista, uma sangha. Existe a sangha de monges e monjas, que abriram mão do mundo como fez Buda. Mas existe também a sangha mais ampla, composta por outras pessoas no caminho budista. Os budistas tradicionais têm templos locais, assim como os cristãos têm igrejas, e eles freqüentam esses templos assim como os cristãos freqüentam as igrejas. Essas comunidades são as suas sanghas, grupos de pessoas que se ajudam mutuamente durante o percurso do caminho budista.

Deixei isso por último porque, para as pessoas que estão aprendendo sobre o budismo, a iniciativa de fazer parte de uma sangha costuma ser a última etapa antes de começar a trilhar o caminho. Para essas pessoas — e eu me incluo entre elas — o que importa é a relação pessoal com os ensinamentos, com as práticas e consigo mesmo. Temos de ficar bastante à vontade com o caminho budista antes de analisar a possibilidade de nos tornarmos membros de um templo ou de um centro de meditação.

Prezamos muito a liberdade de experimentar, mas o preço que pagamos é não contar com o apoio de outras pessoas que trilham o caminho ao nosso lado. Esse é um preço alto porque, como ensinou Buda, ter bons amigos significa tudo para a vida espiritual. Sem amigos para trilhar o caminho lado a lado conosco, será que temos algum tipo de vida espiritual? É claro que sim. Temos os nossos amigos. Mesmo que não sejam budistas, se eles forem amigos de verdade, percorrerão o caminho conosco. Se formos honestos uns com os outros, nós nos apoiaremos mutuamente quando enfrentarmos dukkha e estivermos tentando descobrir a nossa verdadeira identidade.

> Eu gostaria de sugerir um meio-termo. Existe uma comunidade virtual chamada Teen Buddhist Sangha. Você pode se juntar a ela e obter apoio de bons amigos sem ter de conhecer ninguém nem saber alguma coisa sobre o budismo. Eles vão dar-lhe as boas-vindas, responder às suas dúvidas e ajudá-lo quando você estiver precisando de incentivo.

Os mestres budistas comparam a sangha a um recipiente cheio de pedras; à medida que batem umas nas outras, elas vão ficando com as bordas gastas. Se você for um jovem budista solitário, deve fazer com que o mundo todo seja a sua sangha. Depois faça com que todos sejam os seus mestres e deixe que as coisas aparem as suas arestas. Ao fazer isso, você transforma todos em "bons amigos" e, assim, as suas interações cotidianas são o "todo da vida espiritual".

Talvez você não queira se juntar aos budistas. Talvez nem mesmo se considere budista. Tudo bem. Pode ser que você encontre o mesmo tipo de comunhão espiritual na sua igreja ou na sua família, sem pertencer a uma sangha budista oficial. No entanto, se você não encontrar essa comunhão e decidir tornar-se budista, vai querer refletir sobre a possibilidade de pertencer a uma sangha.

Quer você esteja fazendo o percurso ao lado de amigos ou sozinho, certamente você encontrará trechos cheios de pedra no caminho. Assim como todos os caminhos espirituais, o caminho budista tem curvas sinuosas, subidas íngremes e trechos difíceis nos quais você vai tropeçar e cair. Provavelmente, você vai encontrar dois tipos de dificuldades: as internas e as externas.

problemas internos

Ao ficar frente a frente com o seu mundo interior, você descobre que, assim como no mundo exterior, nem tudo é bonito. O objetivo do budismo é fazer você ver como as coisas são, e isso inclui ver como você é. Você vai descobrir que é obstinado, preguiçoso e indisciplinado. Talvez seja também indeciso, arrogante, mesquinho, fraco e cheio de outras falhas de caráter, mas *todos* os seres humanos são obstinados, preguiçosos e indisciplinados.

Como todos nós somos assim, o que temos de fazer é não nos preocuparmos com esses defeitos. Por exemplo, não fique irritado consigo mesmo por ser resistente à meditação. Essa raiva é um subterfúgio inteligente que a mente usa para continuar a resistir: se você ficar irritado consigo mesmo, provavelmente vai odiar toda a experiência da meditação e abandoná-la. Essa é uma das pequenas ironias da vida. Não fique com raiva. Aceite a sua resistência e simplesmente continue meditando. É isso o que venho fazendo há tantos anos!

Resolva todos os seus problemas de âmbito interno da mesma forma. Você é preguiçoso? E daí? Você levanta para fazer outras coisas, pode levantar também para meditar. Você é indisciplinado? E daí? Nem sempre você faz as lições de casa, mas sempre acaba completando o seu colegial. Deixe que o mesmo aconteça com a sua prática. Aceite a indisciplina, mas continue a meditar com a maior regularidade que puder. É assim que mudamos a nossa disposição mental.

Se você tem tendência a ficar com raiva, pode ser que queira tentar praticar *metta* — a bondade amorosa (leia sobre isso na seção "Exercícios Práticos"). Se for arrogante, leia *Tannisho,* de Shinran, ou *Zen Mind, Beginner's Mind,* de Shunryu Suzuki (consulte a seção "Muitos Caminhos, Outras Explorações"). Se for indeciso, leia textos zen e, o que é mais importante, procure dentro de si mesmo essa parte de você que sabe sem pensar. Os zen-budistas dizem que essa é a sua verdadeira natureza. Ela está lá; você só tem de descobri-la lentamente. Embora a meditação ajude, o verdadeiro desafio consiste em ficar atento a todos os momentos da vida.

O budismo tem antídotos para todas as nossas faltas. Geralmente, são as práticas que achamos mais difíceis, justamente porque mudam a nossa mente resistente. O budismo não é uma daquelas religiões que dizem: "Basta fazer isso que todos os seus problemas desaparecerão." O caminho para a calma, a paz e a felicidade é longo. Curta a jornada.

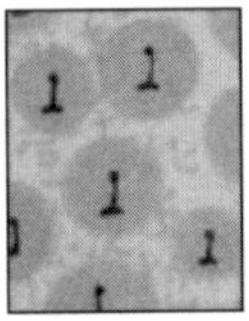

problemas externos

Se você realmente tomar o caminho budista, vai acabar encontrando alguém que acha que você está terrivelmente mal-orientado e até mesmo perigoso. Pode ser que isso já tenha acontecido. Talvez a sua própria família não o compreenda, nem à sua prática. Deixe-me ensinar-lhe duas estratégias.

Em primeiro lugar, a não ser que você esteja freqüentando um templo, que tenha aceitado os preceitos e tenha buscado refúgio em Buda, no dharma e na sangha, diga-lhes que *não se preocupem, que você não é budista.* Isso pode ajudar, e é a pura verdade. Se você está apenas lendo este livro, fazendo um pouco de meditação ou tentando aplicar os ensinamentos de Buda à sua vida, você não é budista, mas está apenas usando o budismo na sua vida. Demora muito tempo para se "tornar" budista. Eu ainda não sei se *sou* budista, e já estou nisso há quinze anos.

Em segundo lugar, lembre-se de que os preconceitos alheios não são um fardo seu, a menos que você decida carregá-los. Os atos das outras pessoas podem restringir a sua vida, mas você não tem que se deixar prostrar pelo estado mental delas. Na verdade, lidar com os preconceitos alheios é uma oportunidade perfeita para praticar a compaixão. O clássico texto indiano, o Bodhisattvacharyavatara (*The Way of the Bodhisattva*), diz:

> Mesmo sem ter compaixão alguma por todos
> aqueles que, seguindo sua paixão desequilibrada,
> tentam me magoar ou até mesmo me matar,
> a última coisa que eu quero é sentir raiva deles.

Se você está tendo problemas com seus pais, que acham que budismo é algum tipo de magia negra, ou com seus professores, que aprovam a oração mas consideram a meditação um culto — na verdade, se você estiver tendo problemas com alguém que simplesmente reage com aversão a qualquer parte do seu caminho budista — deixe por isso mesmo. Você pode aprender com seus inimigos. Eles lhe proporcionam um tipo de prática espiritual, que é um presente, mesmo que não seja essa a intenção deles. Aceite esse presente: seja compassivo com eles e com a sua cegueira.

Esse é o espírito que devemos ter sempre que alguém nos chateia ou prejudica. Esse é o espírito que o Dalai Lama incorpora quando seu povo sofre genocídio nas mãos do governo chinês. Se ele consegue manter esse espírito nessas condições, você também pode. Se alguém lhe disser que o budismo é satânico, não discuta. Apenas mostre-lhe que não tem nada disso. Buda faria exatamente o mesmo, assim como Jesus. *Seja você* a paz. Ofereça a outra face.

Uma vez, durante um bate-papo sobre budismo e cristianismo, dois adolescentes descreveram as estratégias que usam para conciliar essas duas religiões. Essas abordagens podem funcionar para você, e certamente podem ser aplicadas a outras formas de cristianismo e a outras religiões.

Em primeiro lugar, um deles disse: "Não é preciso criticar o catolicismo para ser budista. Pense nisso como no fato de ir à escola. Dessa perspectiva, você está apenas adquirindo conhecimentos sobre assuntos que não estão ligados à igreja." Se você pode aprender com o curso colegial, pode aprender com o budismo. Nem um nem outro precisa ameaçar a sua religião ou qualquer outra religião.

> Cito Hamlet algumas vezes nesta parte. Se você ainda não leu essa peça, em breve vai ler. É fantástica. Por quê? Porque Hamlet é um sujeito honestíssimo às voltas com grandes problemas familiares. Algumas vezes ele age como um louco, mas durante todo o tempo faz as mesmas perguntas (na brilhante linguagem shakespeariana) que Buda fez: Quem sou eu? Como trato as pessoas? Onde me encaixo?

Em segundo lugar, disse o outro: "O que eu faço é dizer ao meu amigo [católico devoto] que o budismo e o cristianismo têm muitas coisas em comum. As duas religiões compartilham alguns dos seus princípios básicos." Isso é a mais pura verdade: budismo e catolicismo têm muito mais pontos em comum do que divergências. As pessoas que afirmam o contrário estão distorcendo a verdade. Talvez você se pergunte por quê — mas não precisa descobrir.

Os problemas não são causados só pelas pessoas; é preciso "suportar as pedradas e flechadas de um destino ultrajante". A vida é, e sempre será, repleta de aborrecimentos, desafios e frustrações. É isso o que Buda quis dizer quando afirmou que a vida é dukkha. Você precisa enfrentar esses "mil males naturais" do mesmo modo que enfrenta os seus problemas interiores e os problemas das outras pessoas.

Falamos sobre muitas dessas situações na Segunda Parte, mas o que você fará quando encontrar outras situações que não foram mencionadas? Você terá de improvisar. Para isso precisará de certo embasamento espiritual, de uma sensação interior de força, da percepção de que pode lidar com os problemas. As práticas budistas desenvolvem essa força, sobretudo as que não são feitas sentado. Este livro lhe forneceu explicações, idéias, conselhos, histórias e técnicas de meditação. Agora quero lhe dar algo novo: toda uma série de exercícios práticos que fortalecem o espírito, assim como os outros exercícios fortalecem o corpo.

EXERCÍCIOS PRÁTICOS

> Embora existam diversas práticas corporais importantíssimas, relaxe e fique à vontade. Basta isso.
>
> Embora existam diversas práticas vocais importantíssimas, como exercícios respiratórios e mantras, fique imóvel e calado. Só isso.
>
> Embora existam diversas práticas mentais importantíssimas, como concentração, relaxamento, projeção ou dissolução mental e enfoque na percepção intuitiva, basta deixar a mente descansar naturalmente sem nenhum esforço.
>
> PADMASAMBHAVA

Todas as diversas formas de budismo concordam que o budismo precisa ser incorporado. É preciso tentar ser Buda num nível prático. Até mesmo as formas de budismo que enfatizam a meditação afirmam que o processo começa na almofada mas termina em algum outro lugar. O que eles querem dizer é que você começa a meditar da forma mais simples e fácil, mas tenta estender a meditação para o dia-a-dia. No final, toda a sua vida se *transforma* numa meditação.

A vida-como-meditação pode ser um estágio avançado; mas, depois de praticar os dois tipos de meditação que descrevi, você pode tentar algumas outras práticas que começam a levá-lo para esse estágio. Esse é o budismo verdadeiro na vida real. Não se trata de ler; não se trata de pensar; trata-se de *fazer*. Para se preparar, aqui estão alguns exercícios que preparei. Faça-os e veja quais funcionam para você. É assim que se trilha um caminho budista.

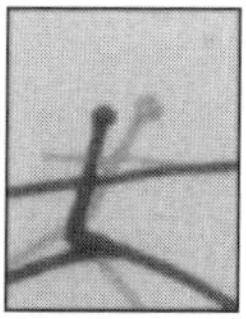

louvor a Buda

Para milhões de budistas em todo o mundo, os cânticos de louvor a Buda representam a principal forma da prática religiosa. Entre as pessoas que se convertem ao budismo, a meditação é mais popular, mas não despreze o louvor. Este é o cântico mais simples e o mais importante de todos:

Namo tassa bhagavato arahato
sammasambuddhassa
(Louvado seja o abençoado,
o inestimável, o desperto)

Essa frase está em páli, a língua usada nas escrituras Theravada, e faz parte da tradição entoá-la nesse idioma. Você pode tomar nota para repeti-la direito ao cantar. Se tiver uma imagem de Buda, faça esse louvor para ela. Se não tiver uma, não se preocupe; em vez disso, visualize Buda. Você pode inclinar ou não o corpo em sinal de reverência. Mas eu recomendo que faça isso, pois esse gesto expressa fisicamente o que você está expressando por meio de palavras. Se fizer, tente fazer três ou até mesmo nove reverências lentamente. Três e nove, números budistas tradicionais, levam ao estado de espírito correto.

Quando estiver pronto, olhe para o altar ou faça a sua visualização mental e cante três vezes "Namo tassa bhagavato arahato sammasambuddhassa". Com a prática, vai ficar mais fácil. Na verdade, em pouco tempo você vai pronunciar automaticamente essas palavras. As palavras devem ser pronunciadas com suavidade e em voz baixa. Deixe a mente fluir com o canto. *Seja* louvado.

Talvez você não se sinta grato a um Buda que esteja fora de você mesmo, alguém que já foi exaltado e louvado. E o fato é que, seja como for, esse Buda na verdade não precisa do seu louvor. Veja além das palavras. Exalte tudo o que é abençoado, inestimável e desperto, até a si próprio. Exalte a parte do universo e de você que despertou para a sua própria natureza. Isso certamente vale a pena louvar e apoiar à medida que luta para amadurecer.

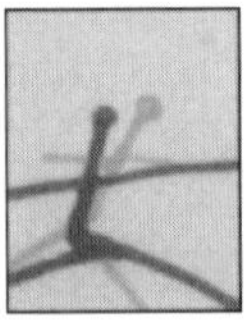

nembutsu

Nembutsu significa "nome do Buda". Mais especificamente, refere-se à repetição da frase "Namu Amida Butsu", que significa "Que Buda Amida seja louvado". Os budistas Terra Pura repetem essa frase para se sentirem estimulados a abandonar o enfoque pessoal e a confiar no poder de Buda Amida para ajudá-los no caminho. Essa versão particular da frase é japonesa. A versão chinesa é "Namo Amito Fo".

Essa confiança num poder alheio ao seu próprio poder pode parecer contundir com a meditação sobre a qual você leu neste livro. Talvez, mas contundir não significa contradizer. A tensão pode ser criativa. Afinal de contas, onde esperaríamos encontrar o poder de Amida, a não ser no nosso próprio êxito em ser pessoas melhores? No final, o objetivo é ser melhor, não é?

Tente praticar o nembutsu. Eu sempre repito essa frase quando vejo um animal morto na rodovia. Esse uso pode ser novo, mas está em harmonia com o espírito tradicional do nembutsu, que muitas vezes é repetido em benefício de outros seres. É uma oração tão rápida que leva dois segundos.

Repita a frase algumas vezes para se familiarizar com ela. Depois escreva-a num pedaço de papel, guarde na sua mochila (por assim dizer) e tire quando chegar o momento certo. Se você pisar numa lesma, por exemplo, pode sentir-se um pouco incomodado e precisar se fortificar um pouco. Pegue o "Namu Amida Butsu", repita e envie a sua esperança sincera para o universo.

Ao recitar o nembutsu, coloque as mãos na posição da mudra de oração, para estabelecer a sua intenção de ficar aberto a um poder maior do que a sua mente consciente. Não é preciso compreender, mas apenas ficar receptivo. Nem mesmo Shinran, o grande mestre Terra Pura japonês, tinha certeza se a prática funcionava nem se era a melhor prática. Ele só sabia que era o que ele podia fazer, e então fazia. Você também pode.

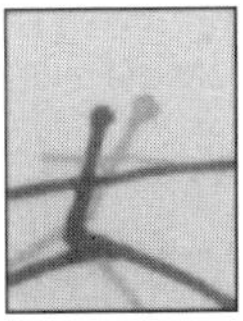

om mani padme hum

Essa recitação, feita com tanta freqüência no Tibete, tem vários significados. As próprias fontes que explicam a simplicidade desse *mantra* (canto sagrado) são bastante esotéricas. As sílabas não têm um significado literal. A tradução mais simples que faz sentido é "Que o Bodhisattva da compaixão seja louvado". (Esse Buda é chamado de Avalokiteshvara em sânscrito, e Chenrezig em tibetano.) O bodhisattva da compaixão vai existir se existirem seres vivos para serem salvos. Os budistas Vajrayana acreditam que atualmente ele está incorporado como o Dalai Lama.

Os mantras, ou sons sagrados, funcionam melhor quando pronunciados corretamente. A pronúncia em sânscrito é algo como "Om Mani Padme Hum". A pronúncia tibetana é: "Om Mani Peme Hung". Você pode usar qualquer uma das duas.

O mantra pode ser recitado a qualquer hora e em qualquer lugar. As palavras devem ser pronunciadas em voz alta, e não apenas mentalmente, portanto a menos que você esteja no meio de uma multidão de tibetanos, é melhor escolher um local onde possa ficar sozinho. Tente recitar o mantra quando estiver sentado meditando. Sente-se em posição confortável e faça algumas respirações profundas. Deixe a mente descansar e os pensamentos fluírem com a sua respiração. Depois, comece a recitar o mantra.

Embora não seja necessário, o fato de visualizar Avalokiteshvara durante a entoação ajuda a dar mais poder ao mantra. Portanto, pode ser bom fechar os olhos durante a prática. Você pode visualizar o bodhisattva da compaixão dentro ou fora de si mesmo enquanto recita o mantra. De qualquer modo, o coração do bodhisattva é rodeado pelo mantra e irradia luz em todas as dez direções — em outras palavras, em todos os lugares. Há figuras do bodhisattva na internet que são melhores do que qualquer descrição que eu possa fazer. Faça uma busca. Por ora, você pode visualizar o Dalai Lama ou apenas tentar visualizar as palavras que estão no seu coração e a luz que elas irradiam para o espaço. Usar a si mesmo faz sentido, porque acredita-se que a entoação desse mantra remova as impurezas da pessoa. No final, você mesmo se torna um bodhisattva.

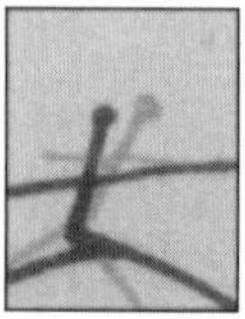

reverência

Ao reverenciar Buda, na verdade o que você está fazendo? A quem realmente está saudando? A reverência budista perturba algumas pessoas, porque elas acham que se trata de reverenciar um deus, uma pessoa ou até mesmo um ídolo. Você sabe quem foi o Buda histórico, mas reverenciar Buda não significa reverenciar essa pessoa, Deus ou qualquer coisa externa a você. Reverenciar Buda significa reverenciar o próprio despertar, a verdadeira natureza do universo, da qual você faz parte.

A reverência budista mais simples consiste em juntar as mãos na (posição) *mudra* de oração, com as palmas e os dedos se tocando e as pontas dos dedos apoiadas na frente do queixo. Agora, incline o tronco para a frente. Você está fazendo uma reverência.

A reverência plena, na qual se toca no chão, é ainda mais bonita. Se você tem uma imagem de Buda, freqüenta um templo ou apenas se sente com vontade, esse tipo de reverência é apropriado. Existem diversas variações, mas vou descrever o estilo zen. Primeiro faça a reverência descrita acima, depois fique de joelhos. Sente-se sobre as pernas e incline o tronco para a frente. Ao fazer isso, separe as mãos de modo que os braços apontem para a frente e deixe que eles se apóiem no chão a partir do cotovelo, com as palmas das mãos voltadas para cima. Abaixe a cabeça durante todo o movimento e toque com a testa no chão. Em seguida, levante as mãos alguns centímetros no ar, um gesto que simboliza a ascensão de Buda sobre cada um de nós.

A seqüência é bastante harmoniosa e muito fácil, quando se pratica. O mais importante, contudo, é exercitar a idéia de reverenciar Buda, o futuro, algo maior do que você próprio.

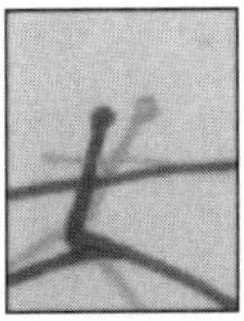

kinhin

Talvez você veja a meditação como algo absolutamente tranqüilo, imóvel. Mas nem sempre. A meditação é um recurso utilizado para acalmar e concentrar a mente a qualquer hora, em qualquer lugar. A meditação sentada é a primeira a ser feita por ser mais fácil, mas há outros tipos. Uma das mais importantes é a meditação andando. Agora que você exercitou a meditação sentada, tente o *kinhin*, uma forma zen de meditação feita enquanto se caminha.

Sente-se e comece a fazer a meditação do modo como aprendeu. Depois de mais ou menos cinco minutos, quando sentir que está tranqüilo, levante-se devagar. Se as pernas estiverem dormentes, descruze-as e deixe que voltem ao normal. Não é bom começar uma meditação levando um tombo!

Uma vez em pé, coloque as mãos diante do peito, com a mão esquerda de punho cerrado e a mão direita em repouso sobre ela, com a palma direita e os dedos cobrindo os dedos da mão esquerda e as costas da mão. Deixe os cotovelos se projetarem para fora naturalmente. Com os olhos semicerrados ou um pouquinho mais abertos, comece a andar ao redor do quarto — bem devagar.

O objetivo é a conscientização. Fique ciente da complexidade dos movimentos de um simples caminhar. Ao transferir o peso do corpo de uma perna para outra, toque o solo com o calcanhar, passe o peso para essa perna, abaixe a ponta e os dedos do pé, pressione a perna para baixo e prepara-se para erguer a outra perna. Em seguida, equilibre-se nessa perna, flexione o joelho da outra, levante o calcanhar e leve-a à frente. Nessa altura, você está comprometido, está caindo e todas as vezes o chão está ali para apará-lo. Cada passo pode ser descrito do seguinte modo: confiança e abraço, equilíbrio, o pé, o chão, a gravidade, uma dança.

Não pense sobre isso, apenas experimente. Você vai descobrir que é muito difícil não pensar nisso no início. Talvez você fique orgulhoso dos seus movimentos serenos e graciosos. Se estiver radiante com seus movimentos ou pensando demais, lembre-se de que você está apenas caminhando — não há nenhuma razão para ficar envaidecido. Relaxe os pensamentos e deixe que a mente fique tranqüila.

Se conseguir fazer esse *kinhin* lento, tente aumentar a velocidade, deixando os braços relaxados e balançando normalmente. Tente fazer *kinhin* ao ar livre. No final, você será capaz de levar a conscientização de *kinhin* para a caminhada normal. Esse é o primeiro passo para incorporar a meditação a todas as suas atividades.

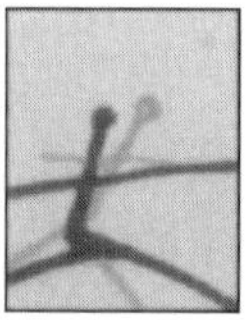

meditação caminhando depressa

No Japão, o *kinhin* é feito de modo *realmente rápido*. Deve ser muito bom depois de uma longa sessão de meditação sentada. Provavelmente, você não vai fazer dias inteiros de meditação, como os monges zen, mas talvez queira experimentar na época dos exames finais ou depois de ter ficado sentado tempo demais e precisar se movimentar.

As técnicas de meditação descritas até agora costumam ser feitas em ambientes fechados. No caso da meditação caminhando depressa, é melhor escolher um lugar amplo. A menos que você more numa casa bastante espaçosa, é mais fácil praticar ao ar livre. O quintal muitas vezes é um bom lugar, pois você não corre o risco de trombar com ninguém nem de ser atropelado. Planeje a sua rota antes de começar. É bom andar ao redor do quintal. Tente permanecer em terreno plano.

Sente-se em meditação por alguns minutos até que possa acompanhar ou contar a sua respiração sem se perder com muita freqüência. Levante-se devagar. Você pode utilizar a mesma postura que usou no kinhin ou deixar os braços penderem naturalmente ao lado do corpo. É um pouco mais difícil fazer a meditação com os braços pendendo, porque eles vão começar a balançar. Não deixe que isso o perturbe; aja com naturalidade. Em seguida, comece a andar. Mantenha os olhos semicerrados para poder ver aonde está indo, mas não se concentre em nada mais. Não corra o risco de tropeçar e cair; apenas não deixe que a sua atenção se desvie para as coisas que estão no seu campo de visão.

Comece lentamente enquanto inspira e expira algumas vezes. Depois que estiver em movimento e for capaz de se concentrar na respiração, pode aumentar a velocidade para um ritmo entre normal e acelerado. Lembre-se de que ainda está meditando. Pode ser que você fique tentado a pensar, a olhar à sua volta e até mesmo a parar em algum lugar interessante, como a geladeira ou a cesta de basquete. Esses são pensamentos. Não os siga. Deixe que eles passem. Concentre-se novamente na meditação. Difícil, não? Você está expandindo a meditação para outras atividades da sua vida. Você pode praticar a meditação caminhando depressa sempre que estiver andando.

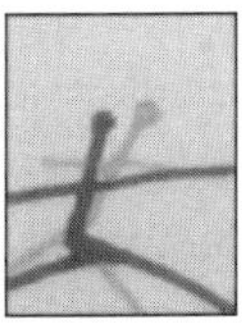

ação de graças

E agora vamos passar para algo bem diferente. Neste livro, tratamos quase exclusivamente de assuntos difíceis. E as coisas boas, como comida? Ei, seja feliz! Esse é um modo de expressar essa felicidade: uma maneira budista de dar graças.

Na tradição cristã, graças são as bênçãos de Deus ao mundo. É também como os cristãos chamam o agradecimento a Deus por uma de suas bênçãos, o alimento. Para o budismo, as graças também são uma via de mão dupla. Seus seguidores demonstram gratidão ao mundo pelas suas bênçãos. Esta é a minha versão dos agradecimentos antes das refeições zen:

> Agradecemos aos Três Tesouros
> e somos gratos por esta refeição.
> Inúmeros trabalhadores trazem até nós
> a dádiva de outros seres vivos.

Para si próprio, ou até mesmo para a sua família, repita essa bênção ou invente outra e estenda o seu agradecimento aos trabalhadores e às vidas que vêm até você na forma de alimento. À medida que fala, traga à mente a teia da vida da qual somos um fio, a teia que nos sustenta, a teia que estamos desemaranhando. Fora dessa teia, sem alimento, você não existe.

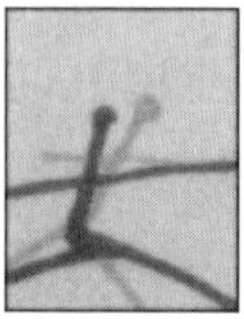

alimentação consciente

Este exercício pode ser surpreendentemente importante. Comece escolhendo uma refeição para realizar essa prática. É melhor escolher uma refeição que você faça sozinho, porque é muito mais fácil fazer a conscientização sensorial em silêncio. Escolha o que vai comer; pode ser um sanduíche. Você não vai querer ter de planejar ou decidir as coisas durante a refeição.

Comece ficando bem atento à preparação. Por exemplo, o que você sente ao abrir a geladeira? Observe o número impressionante de itens que existem lá dentro. Pegue os ingredientes. Sinta-lhes o peso. Que aroma você sente ao abri-los? Se estiver fatiando algo, apenas fatie. Não pense em nada de antemão; não é preciso, isso é fácil. Concentre-se apenas naquilo que estiver fazendo. Sinta a alteração na faca à medida que ela corta um tomate. Veja os fantásticos padrões da alface. Há tanta coisa para observar. Preste atenção a tudo.

Ao comer, use todos os seus sentidos. Como você sente o alimento enquanto o mastiga? Você consegue sentir o cheiro do refrigerante? Consegue ouvir o som que ele emite? Gosta da sensação de ardência quando ele desce pela garganta? Você está olhando para a comida ou para outra coisa qualquer? Sente o peso da comida no estômago? Quando fica satisfeito? Você continua a comer depois disso?

Olhe também dentro de si mesmo. Você está sentindo desejo? Quando espera sentir prazer? Você sente esse prazer mais tarde? Ele vem quando você espera? Você sente avidez pela comida? Sente que precisa acabar com ela? Sente-se grato? Há muito o que aprender com essa simples refeição.

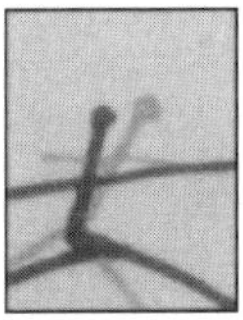

como dirigir conscientemente

Muitos adolescentes morrem na estrada. Adultos também, mas os adolescentes correm um risco ainda maior. Aqui está uma meditação que pode ajudá-lo a entender por quê.

Tente fazer uma meditação consciente enquanto dirige. Você vai precisar quando estiver dirigindo sozinho ou não tiver com quem conversar. É muito mais fácil fazer essa meditação em silêncio. Desligue o rádio. Sente-se ereto mas à vontade e segure o volante com as duas mãos (como se deve fazer sempre). Não ultrapasse o limite de velocidade e livre-se de todos os pensamentos que não estejam relacionados com a experiência imediata de dirigir.

Observe tudo o que você vê, ouve e sente. Não se prenda a nada em particular; passe para o próximo item. Observe a *quantidade inacreditável de coisas que estão acontecendo.* Dirigir é uma das atividades mais absorventes, perigosas e de ritmo acelerado que você vai fazer na vida. No entanto, a maioria dos motoristas não presta a devida atenção quando está dirigindo, o que é uma loucura.

Deixe que a mente se concentre apenas na experiência de dirigir "neste momento". Que intensidade impressionante: a estrutura do acostamento, a velocidade dos veículos que se aproximam, a vibração dos pneus. É como num *videogame, mas é real.* Quando se concentra realmente no ato de dirigir, o limite de velocidade é o que você consegue controlar. É algo completo. Dirigir com atenção é sinônimo de dirigir bem. Não há tempo para ouvir música nem para bater papo; tampouco há necessidade disso.

Ao meditar dirigindo você ganha um presente inesperado: a beleza da rodovia. Você vai se surpreender observando a cor das flores, as características de uma construção, a fumaça de uma chaminé e muitas outras coisas. Todo o cenário que está ao seu redor é fascinante, e quando você está dirigindo você percebe isso rapidamente. Da última vez que fiz isso ganhei um bônus extra: tive o prazer de ver um guarda passar por mim numa rodovia solitária à noite *quando eu não estava correndo*. Agora, *isto* é que é auto-escola!

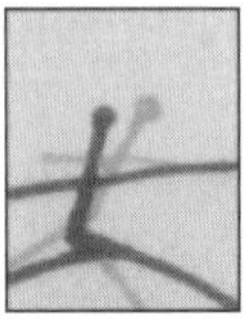

a prática de metta: primeira etapa

Metta significa "bondade amorosa". Esse é um estado mental baseado na compaixão no qual irradiamos pensamentos positivos para outras pessoas. O ideal é que os seres humanos permanecessem sempre nesse estado. Falando de forma realista, precisamos praticar. Aqui está a primeira etapa.

Sente-se na postura de meditação que preferir. Nesse tipo de meditação, em especial, seja amável consigo mesmo, fique à vontade. Respire fundo várias vezes, lentamente, e deixe que suas preocupações externas se dispersem. Quando for capaz de acompanhar a respiração, comece a repetir mentalmente:

> Que eu fique livre do ódio.
> Que eu seja mentalmente feliz.
> Que eu seja fisicamente saudável.
> Que eu viva em paz.

Se quiser algo mais curto, repita apenas: "Que eu viva em paz." Deixe que a sua mente seja invadida por uma sensação de metta. É mais uma emoção do que um pensamento. É mais um estado mental do que uma emoção. Deixe metta preencher a sua meditação pelo maior tempo que puder, contanto que não tenha de fazer força para isso. Não faça muita pressão sobre si próprio. Lembre-se: você está sendo gentil consigo mesmo. Quando estiver pronto, respire fundo lentamente algumas vezes e saia do estado de meditação.

Esse é o início da compaixão, a base do amor. Deixe que isso reponha as suas energias. É preciso ser amável consigo mesmo para poder ser amável com os outros. Vá em frente.

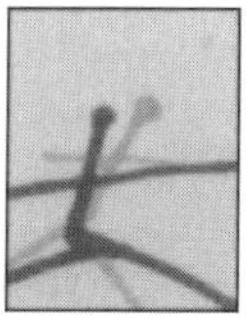

ampliando a prática de metta para os outros

Depois que tiver estabelecido a base da prática enviando metta para si mesmo, passe para a etapa seguinte: envie metta para mais alguém.

As instruções clássicas aconselham, com sabedoria, a tentar enviar metta primeiro a alguém para quem se tenha sentimentos bastante positivos. Escolha alguém a quem você ama ou respeita e com o qual tenha um mínimo de conflito. Pode ser um dos seus pais, um professor, um treinador ou uma figura religiosa. É melhor que você não sinta atração sexual por essa pessoa, para não correr o risco de confundir metta com desejo. Não se preocupe com a escolha. Apenas selecione alguém e tente fazer o exercício. Se descobrir que está em conflito, recomece com outra pessoa.

Comece como fez com o primeiro exercício. Quando conseguir acompanhar a respiração, repita mentalmente as frases de metta como fez antes. Quando sentir uma sensação real de metta voltada para si mesmo, você estará pronto para transmiti-la para outra pessoa. Agora, substitua o "Eu" da frase pelo nome da pessoa. Assim,

Que (nome da pessoa) fique livre de ódio.
Que (nome da pessoa) seja mentalmente feliz.
Que (nome da pessoa) seja fisicamente saudável.
Que (nome da pessoa) viva em paz.

Sinta os mesmos sentimentos positivos e de apoio que irradiou para si mesmo e simplesmente envie-os para quem escolheu. Fazer uma visualização mental da pessoa pode ajudar, mas o objetivo da meditação não é a visualização, mas sim o envio de metta. Tente se concentrar no sentimento em si. Repita enquanto puder fazer isso com facilidade. Quando estiver pronto, deixe a mente se aquietar e saia do estado de meditação.

Pode ser que você ache *mais fácil* enviar metta para outra pessoa do que para si mesmo. Eu acho. Isso é sinal de que você tem metta de sobra para distribuir. Ótimo. Faça isso.

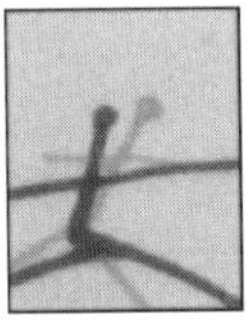

ampliando ainda mais a prática de metta

Agora que você enviou metta para si mesmo e para um ente querido, que tal tentar algo um pouco mais difícil? Enviar metta para uma pessoa neutra, para a qual você não liga muito?

Comece como fez nos primeiros exercícios de metta. Quando conseguir acompanhar a respiração, repita mentalmente as frases de metta. Quando sentir metta voltada para si próprio, irradie-a para um ente querido, fazendo as devidas mudanças nas frases. Em seguida, quando sentir os mesmos sentimentos positivos e de apoio, envie-os para essa pessoa que você considera neutra, novamente fazendo as devidas adaptações nas frases para incorporar o nome dela. Continue a repetição enquanto conseguir sustentar metta com facilidade. Quando estiver pronto, deixe que a mente se aquiete e saia do estado de meditação.

Desta vez, você vai achar mais difícil. Não é fácil sentir bondade irrestrita por alguém que você simplesmente não liga. Mas se você exercitar metta, vai descobrir que começa a se importar, pelo menos enquanto está se exercitando. No final, você será capaz de fazer essa meditação em locais que costumam causar-lhe frustração ou aversão — aeroportos ou departamentos de trânsito, por exemplo. Você pode mudar as frases para "todos aqui presentes". Além de você se sentir melhor, não pode fazer mal a ninguém.

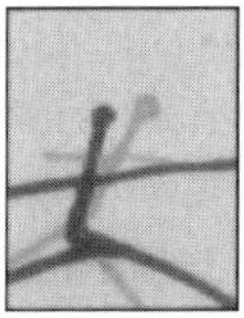

ampliando até o limite a prática de metta

O mais difícil é irradiar metta para pessoas das quais não gostamos ou que até mesmo odiamos. Essa meditação vai ajudá-lo a acabar com esse ódio, que é um veneno para as duas partes. Ninguém está dizendo que você precisa gostar dos seus inimigos, mas Buda ensina que o ódio que você sente por eles pode destruí-lo.

Comece como fez nos outros exercícios de metta. Quando conseguir acompanhar a respiração, repita mentalmente as frases de metta. Quando sentir metta voltada para si próprio, irradie-a para um ente querido, fazendo as devidas mudanças nas frases. Quando sentir outra vez metta, envie-a para uma pessoa neutra, novamente fazendo as devidas mudanças nas frases. Por fim, quando sentir os mesmos sentimentos positivos e de apoio em relação à pessoa neutra, irradie metta para a pessoa pela qual você realmente tem antipatia. Uma iniciativa que pode ajudar é visualizar essa pessoa como uma criança pequena a quem você ama com amor de pai. Continue a repetição enquanto conseguir sustentar essa metta com facilidade. Não se preocupe se isso não durar muito. Quando estiver pronto, deixe a mente se aquietar e saia do estado de meditação.

Essa é obviamente a prática mais difícil de metta. Talvez você sinta que ao dizer: "Que (nome da pessoa odiosa) viva em paz" — você está colocando o inimigo em vantagem. Talvez esteja: isso dá a ele a vantagem de colocar um ponto final no ódio. Na verdade, essa vantagem se estende também a você. Se isso lhe causar desgaste emocional, não faça. Depois de uma meditação de metta, devemos nos sentir fortalecidos, e não esgotados. Se você não sentir metta genuína ao praticar com alguém do qual não goste — aliás, com qualquer pessoa — volte a dirigir a frase para si mesmo durante algum tempo. Não se apresse. Você tem a vida toda para aperfeiçoar a sua metta.

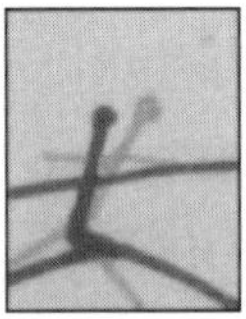

substâncias tóxicas

Não me entenda mal, eu não estou dizendo que os jovens devem usar drogas psicoativas, ou seja, que alteram a mente. Eu sei que essas drogas são ilegais, que estão ligadas à lavagem de dinheiro e que são potencialmente prejudiciais a nós mesmos e aos outros. Ainda assim, as pessoas fazem uso delas; a mente quer ser alterada. O budismo também altera a mente; portanto, eu também sei que isso não é ruim quando é feito de forma consciente. Se você usa drogas, ou até mesmo consome bebidas alcoólicas, pelo menos faça isso conscientemente.

Quer você consuma álcool ou drogas, fique atento à sua mente. Deixe que parte dela faça as perguntas a seguir e veja as respostas. Como você se sente antes de tomar essa droga? Fica ansioso? Você faz isso para você mesmo ou para os outros? Sente-se no controle dos seus pensamentos? Fica nervoso enquanto está tomando a droga? Fica excitado? Impaciente? O que está faltando na sua mente para que você queira alterá-la?

Quando está "alto", você ainda tem controle sobre os seus pensamentos? De que modo eles mudam? A noção que você tem de si mesmo muda? Se muda, o que você *é*? Nessas horas você é outra pessoa? Se é, você gosta dela e do que ela faz? Veja com quem você está. Você gosta dessas pessoas e do que elas estão fazendo?

Alterar a mente com drogas pode ser um pouco parecido com a meditação: se você olhar dentro de si mesmo, pode ficar aberto para locais que não sabia que estavam ali. Mas nem tudo em você é bom; portanto, fique pronto para esses lugares, sejam bons ou ruins. Fique sozinho e seguro ou com amigos — amigos de verdade. Não julgue demais a si próprio e não se subestime: você é grande, você contém multidões.

fantasia

Assim como no caso da prática com drogas, esta não é uma meditação. Trata-se de um exercício mental informado pelo budismo, que qualquer um pode fazer porque todo mundo tem fantasias. A fantasia sexual é uma das mais comuns, mas esse exercício funciona também com outros tipos de fantasia. A fantasia é uma parte ativa da vida sexual. No budismo, é a parte mental do sexo que realmente importa; portanto, a fantasia é uma parte fundamental da vida sexual.

Quando perceber que está fantasiando, fique atento. Suas fantasias são realistas? Você gosta de fantasiar ou acha que só seria gostoso se a sua fantasia se tornasse realidade? Como a sua fantasia se encaixa nas Quatro Nobres Verdades, com desejo e dukkha?

A sua fantasia é romântica, física ou as duas coisas? Se não for as duas coisas, você sente que, de algum modo, ela está incompleta? Depois da fantasia, por mais curta ou longa que tenha sido, você se sente bem, mal, excitado ou deprimido? Você acha que estava perdendo tempo ou fazendo experiências com o futuro?

Faça essas perguntas a si mesmo durante e depois da fantasia. Não pare de fantasiar e não julgue a sua fantasia. Deixe que ela aconteça, mas tente fazer essas perguntas com uma parte da sua mente. Aprendemos muito com as nossas fantasias. O budismo afirma que estamos todos adormecidos e que a nossa vida é como uma fantasia. Afirma também que esses pensamentos mudam a realidade. Nas palavras de Sutta Nipata: "O mundo é regido pela mente." Portanto, conheça a sua mente e deixe que a fantasia também o reja.

morte

Esse exercício não é para todo mundo. Só faça se tiver vontade e tiver alguém com quem conversar depois, se sentir necessidade.

Sente-se confortavelmente em meditação. Comece acompanhando a sua respiração. Não conte, apenas acompanhe. Tente ficar ciente dela como se fosse a própria vida. Sinta a respiração; ela *é* a própria vida. Quando ela cessa, começa a morte. Agora, imagine que essa é a sua última série de respirações. Preencha o espaço entre uma e outra. Quando você expira, tudo fica mais lento. Descanse nesse momento. Prolongue esse momento. Sinta a sua lentidão. Imagine que ela está continuando. Imagine a sua última respiração.

No final vai acontecer. Você está pronto? Imagine que essa é a última vez que você respira. Sinta a respiração terminando e dando início à morte. Sinta a sua resposta à pergunta: "Você está pronto?" O que vem à sua mente? Observe suas emoções e seus pensamentos. Há luta ou medo? Quando estiver tranqüilo — ou, mais provavelmente, quando não conseguir mais suportar — deixe que os pensamentos vão embora. Acompanhe a sua respiração. Saia lentamente do estado de meditação.

Em seguida, pense nas respostas a estas perguntas. Se você não estivesse pronto para morrer, o que aprendeu com esse exercício? O que você ainda "precisa" fazer? O que está realmente fazendo para chegar lá?

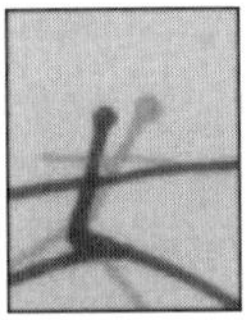

traga um amigo

Faça uma meditação simples — a meditação que você acha que pode ser mais fácil de fazer com um amigo. Não escolha nada sofisticado; recomendo o tipo mais simples de meditação sentada. Não banque o guru; apenas compartilhe com o outro a experiência.

Planeje uma hora para esse exercício. Você vai precisar de uns quinze minutos para se acomodar e ensinar os princípios da meditação ao seu amigo. Depois, vai precisar de dez ou quinze minutos para a meditação, e de vinte a trinta minutos para falar sobre ela e retomar a sua rotina. Vocês podem ficar frente a frente, mas isso pode dar margem a distrações. É melhor cada um ficar virado para um lado ou meditar virado para a parede.

Quando conversarem depois da meditação, tente se manter em pé de igualdade. Os dois são iniciantes. Seu amigo pode estar curioso, entediado, preocupado ou entusiasmado. Ele pode detestar ou adorar a experiência. Deixe que ele descreva os seus sentimentos. Meditação não tem nada que ver com julgamento. Nem budismo. Ouça com atenção o que ele tem a dizer. Essa é uma ótima oportunidade para aprender com outra pessoa cujas perguntas podem ajudá-lo a se concentrar em si mesmo. Como disse Buda, isso significa tudo para o caminho espiritual.

UMA EXPLORAÇÃO MAIS PROFUNDA

Você chegou ao final do livro. Espero que recorra a ele outras vezes para rever os princípios e as práticas budistas. Logicamente, este é apenas o princípio, mas aponta o longo caminho a ser percorrido. As questões abordadas neste livro aplicam-se a todos os que tentam incorporar o budismo na sua vida. Estamos todos trilhando o caminho juntos, e tanto nós quanto o caminho somos infindáveis.

> Um monge novato aproximou-se do Mestre Xuansha e perguntou onde poderia registrar a verdade dos ensinamentos.
> Xuansha disse: "Você está ouvindo o barulho do rio local?"
> O monge respondeu que sim.
> Xuansha então disse: "Registre nele."
>
> MESTRE ZEN XUANSHA

APÊNDICE

MUITOS CAMINHOS, OUTRAS EXPLORAÇÕES

Aquele que se senta no alto de uma viga de trinta metros
pode ter apreendido algo, mas não toda a realidade.
Sentado no alto de uma viga de trinta metros, é preciso que
ele dê um passo à frente para manifestar todo o corpo em
todos os lugares.

WUMENGUAN

Depois de ler este livro, você se parece um pouco com alguém que está em cima de uma viga de trinta metros de altura. Você chegou a algum lugar, mas no final, provavelmente, vai querer dar um passo à frente. Isso pode ser assustador; por esse motivo, elaborei este apêndice com várias fontes para que você possa explorar o budismo sozinho. Eu mostrei o território para que você possa encontrar o seu caminho. Se você começar por essas fontes, ele terá como base o budismo, mas essa ainda será exclusivamente a sua jornada. É isso o que quero dizer com "muitos caminhos". Existem muitas jornadas a serem feitas. Espero que essas fontes o ajudem a esquadrinhar melhor a sua jornada.

Recomendo pessoalmente todas as fontes citadas a seguir. Pelo que verifiquei, eu acredito que elas ensinam o dharma. Mas nem todas vão falar diretamente para você; tampouco eu li todo o conteúdo de cada fonte. Como ensinou Buda: Experimente e veja se funciona para você. Não se preocupe com o resto.

um livro sobre Buddha (e mais)

Existem diversas versões da vida de Buda na internet, mas elas são relativamente curtas e a maioria apresenta o ponto de vista de uma ou de outra escola budista. Você pode começar por qualquer uma delas, mas se quiser realmente aprender alguma coisa sobre Buda, sobre seu mundo e seus ensinamentos, leia *Buddha* de Karen Armstrong (Penguin, 2001). A senhora Armstrong explora cuidadosamente os detalhes da vida de Buda, separando fatos e mitos (o máximo possível). Ao fazer isso, ela apresenta também uma introdução — uma boa introdução — dos ensinamentos de Buda. Seu livro constitui a melhor base atual para todos aqueles que querem começar a explorar o budismo a partir da perspectiva histórica.

Depois da morte de Buda, as coisas ficaram mais complexas, e os livros refletem esse fato. Para relatos sobre o budismo, você tem duas opções. Pode ler histórias dos vários ramos budistas escritas por acadêmicos ou as histórias escritas por membros dos próprios ramos. Para os fundamentos básicos do budismo, de uma perspectiva acadêmica, recomendo os artigos da *Encyclopedia of Religion* (Macmillan, 1989). Provavelmente, você vai encontrar tudo o que quer saber nesses artigos; mas, se quiser saber mais, todos eles possuem bibliografia. Como o número de artigos é muito grande para fazer uma lista, vou deixar para você a tarefa de consultar o índice. Todos os tópicos importantes estão relacionados nele, e você pode selecionar os assuntos com base na tradição, no país, nos personagens importantes, nas práticas, nos conceitos, etc. A biblioteca da sua faculdade ou da sua cidade deve ter um exemplar dessa enciclopédia.

livros sobre o dharma

É bem provável que você esteja mais interessado em livros que trazem os ensinamentos budistas do que em livros que contam a história do budismo. Nesse caso, existem dezenas de livros excelentes que exploram todos os aspectos dos ensinamentos e das práticas budistas. Eu recomendo alguns, que cobrem as três principais tradições budistas (e outros tópicos importantes).

Em primeiro lugar, para um enfoque dos princípios budistas — a prática da atenção no momento presente — leia *Buddhism Plain and Simple*, de Steve Hagen (Tuttle, 1997).* Hagen elimina o excesso e revela a simplicidade das idéias e do caminho de Buda. Para um mergulho no harmonioso estudo sobre o Budismo, nada melhor que *The Vision of Buddhism*, de Roger Corless (Paragon House, 1989). Acadêmico e budista, Corless é cauteloso e muito bem informado, mas não tem o estilo seco dos modelos acadêmicos. Ele analisa o budismo pelo que ele é, em todas as suas variações e maravilhas. Esse é um modo muito agradável de começar uma exploração mais profunda. E, para uma volta completa porém divertida pela história e pela prática budista, *Complete Idiot's Guide to Understanding Buddhism* de Gary Gach (Alpha, 2002) é uma excelente leitura e um ótimo recurso.

O caminho do budismo Theravada é bem resumido em *Eight Mindful Steps to Happiness*, de Bhante Henepola Gunaratana (Wisdom, 2001). Em seu livro, Bhante (que significa "monge venerável") Gunaratana mostra todo o Caminho Óctuplo da perspectiva Theravada. É claro e equilibrado. O clássico *What the Buddha Taught* do monge Walpola Rahula (Grove Press, 1959) ainda oferece uma boa introdução ao cerne dos ensinamentos Theravada. Como contraste, pode ser que você queira ler um livro contemporâneo escrito por alguém especializado em meditação vipassana (percepção intuitiva). Ayya Khema escreveu vários livros, inclusive o clássico *Being Nobody, Going Nowhere* (Wisdom, 1987). Procure também livros de Sharon Salzberg, Jack Kornfield e Sylvia Boorstein; são todos bons.

O budismo Mahayana é tão complexo e variado que um só livro não consegue descrevê-lo por completo. Ainda assim, posso recomendar dois livros de coração. Primeiro, adoro *Bodhisattva Archetypes* de Taigen Daniel Leighton (Penguin Arkana, 1998). Leighton, que é acadêmico e mestre zen, guia-nos através do mundo rico dos bodhisattvas Mahayana, de suas virtudes e de suas práticas. Ao fazer isso, ele traz Mahayana para a nossa vida de forma ímpar. Se você realmente quiser conhecer os detalhes do desenvolvimento do budismo Mahayana e as sutilezas da sua miríade de doutrinas, compre um exemplar de *Mahayana Buddhism*, de Paul Williams (Routledge, 1989). Se quiser mais do que Williams oferece, você terá de fazer um doutorado.

Sobre o budismo Vajrayana (conhecido também como budismo Mantrayana, budismo Tântrico ou budismo Tibetano), um bom ponto de partida é o trabalho de Sua Santidade o Dalai Lama, o mais importante líder espiritual de todos os budistas tibetanos e uma das pessoas mais respeitadas do mundo. Sua Santidade o Dalai Lama já escreveu diversos livros, sobre a sua tradição, sobre a psicologia do budismo, sobre ser feliz, etc. Do primeiro clássico, *Kindness, Clarity, and Insight** (Snow Lion, 1984) ao novo *How to Practice* (Pocket Books, 2001), todas as obras de Sua Santidade o Dalai Lama estão repletas de sabedoria lúcida e compaixão genuína. Para uma exploração mais profunda da tradição tibetana, leia *Introduction to Tibetan Buddhism,* de John Powers (Snow Lion, 1995). Trata-se de uma obra complexa, mas que realmente responde às suas perguntas. Por fim, para um tratamento da abordagem Vajrayana sobre a vida e a morte, leia *The Tibetan Book of Living and Dying* de Sogyal Rinpoche (HarperCollins, 1992).

Como o meu campo é zen-budismo, não posso deixar de mencionar alguns livros sobre zen. Acho *Taking the Path of Zen* de Robert Aitken (North Point, 1982) uma adorável e prática introdução ao zen-budismo. Aitken, mestre zen americano, escreve com rara dignidade e clareza, e vale a pena ler todos os seus livros. Para as idéias e histórias do zen-budismo, recomendo que você vá direto para as coletâneas de textos zen; tente primeiro o Wumenguan. Para uma visão honesta e intensa da prática zen, leia *Zen Mind, Beginner's Mind*, de Shunryu Suzuki (Weatherhill, 1970). Esse livro tornou-se merecidamente um clássico budista, sobretudo para iniciantes.

Finalmente, embora não constituam uma escola de budismo, as mulheres estão desempenhando um papel sem precedentes na prática budista contemporânea. Esse novo papel levanta questões para a religião e para todo praticante do budismo. Uma excelente introdução ao papel das mulheres no budismo contemporâneo é *Buddhist Women on the Edge*, organizado por Marianne Dresser (North Atlantic Books, 1996). Um bom tratamento da história e dos prospectos para a relação do budismo com as mulheres é encontrado em *Buddhism after Patriarchy*, de Rita Gross (SUNY Press, 1996).

textos budistas

As escrituras sagradas budistas foram traduzidas e coletadas muitas, muitas vezes. Na biblioteca da sua cidade deve haver pelo menos duas dessas coletâneas, talvez mais. Essas escrituras, sobretudo os sutras (os ensinamentos de Buda), representam a origem da sabedoria budista, que remonta ao próprio Buda. Isso faz com que sejam a leitura mais importante do budismo. Existem tantas, que você ficaria perplexo. Aqui estão algumas recomendações.

Os textos básicos Theravada estão contidos em coletâneas chamadas Nikayas. Eles podem ser encontrados em bibliotecas, felizmente nas traduções recentes publicadas pela Wisdom Publications. Tente encontrar esses textos, pois eles são muito mais fáceis de ler do que as versões antigas. Outro texto Theravada maravilhoso é o Dhammapada. Faz parte de um dos Nikayas, mas pode ser encontrado em separado. Graças a seus ditados e versos curtos, é uma leitura divertida, um começo perfeito. Além disso, é o texto Theravada mais fácil de achar.

Muitos dos mais importantes sutras do Cânone Páli podem ser encontrados online no site www.accesstoinsight.org/canon. Essas escrituras são importantíssimas para o budismo Theravada, mas são vitais também para o budismo Mahayana e o Vajrayana. E não é só isso; o site fornece muitas outras escrituras, comentários, explicações e mecanismos de busca. Esse é o lugar onde se deve começar a fazer uma exploração séria dos textos budistas.

Ter acesso ao conhecimento é maravilhoso para os textos Theravada, mas é estritamente Theravada. Ele não contém textos Mahayana. Não existe nada comparável aos textos Mahayana, tampouco as coletâneas clássicas foram publicadas (como os Nikayas). Você tem de procurar outros sutras. Para começar, procure os mencionados a seguir e veja se gosta deles: o Lotus Sutra e Vimalakirti Sutra (especialmente nas traduções de Burton Watson); o lindo *Way of the Bodhisattva*, de Shantideva; *Tannisho*, de Shinran; *Record of Lin-chi* (também traduzido por Watson); e *Moon in a Dewdrop*, de Dogen (coletado por Kazuaki Tanahashi). Esses são apenas os textos iniciais, mas estão entre os meus favoritos.

Além dos sutras isolados, você pode encontrar excelentes antologias de textos budistas em todo o espectro da tradição. Outras coletâneas enfocam uma ou outra escola e, portanto, podem lhe dar um pouco mais de profundidade. Quando encontrar uma escola de que goste, não deixe de procurar livros sobre o assunto. É melhor ir a uma biblioteca ou a uma boa livraria onde possa folhear os livros antes de comprar. Você vai acabar encontrando textos que mexam com você. Essa é uma jornada de descoberta.

autobiografias zen

Dezenas de pessoas que descobriram o budismo na idade adulta escreveram autobiografias relatando a própria experiência. Por alguma razão, a maior parte desses livros parece ter sido escrita por discípulos zen. Alguns podem ser mais bem apreciados depois de se ter uma boa noção sobre o budismo; outros representam introduções maravilhosas ao budismo, ao mesmo tempo que entretêm com histórias verídicas. Meu favorito é a história de Janwillem van de Wetering, um holandês que vai ao Japão para viver num mosteiro e depois se muda para os Estados Unidos. Ele escreveu três livros, e todos eles estão salpicados com o seu humor irônico e sua grande honestidade. Ele critica quase todos os mitos zen exagerados sobre os quais você pode ter ouvido. Comece pelo seu primeiro livro, *The Empty Mirror*. Os outros são *A Glimpse of Nothingness* e *Afterzen*. A St. Martin Press publicou edições recentes em brochura.

Aqui estão três outros bons livros: adorei o relato divertidíssimo de David Chadwick sobre a época que ele morou no Japão, estudando e trabalhando, chamado *Thank You and OK!* (Penguin Arkana, 1994). *Nine-Headed Dragon River,* de Peter Matthiessen (Shambhala, 1985), é excelente e crítico, mas um pouco avançado; leia outro livro zen primeiro. *One God Clapping* de Alan Lew (Kodansha, 1999) é a história completa de um rabino que era discípulo zen. Sim, você pode ser rabino, padre, freira, ou seja o que for, e ainda ser um mestre zen.

FONTES DAS CITAÇÕES

Estas são as fontes das citações usadas neste livro. Assim você poderá localizar aquilo de que gostou e ler mais sobre o assunto.

As citações das referências mencionadas abaixo foram tiradas de textos budistas clássicos e não aparecem entre aspas nem em itálico no texto. Esses textos foram relacionados pelo título do livro, e todos eles são tradicionalmente atribuídos a Buda. As obras budistas foram relacionadas pelo nome do autor; o título vem entre aspas.

introdução

p. 11 O epigrama sobre o caminho de Buda foi extraído de "Genjo Kaoan" de Dogen Zenji ("A percepção do Koan"). Dogen é um dos maiores pensadores da história do zen-budismo; esse pequeno trecho expressa maravilhosamente seu pensamento provocante. Vigoroso, mas vale a pena ler.

p. 13 O conselho de Buda a seus discípulos para depois da sua morte foi retirado do capítulo 6 do Mahaparinibbana Sutta, que forma a seção 16 do Digha Nikaya. Esse sutta (o mesmo que sutra) descreve as últimas semanas da vida de Buda. O Digha Nikaya é uma das grandes coletâneas de ensinamentos de Buda reunidos no Cânone Páli, as escrituras sagradas do budismo Theravada. Essas escrituras também são compartilhadas pelos budistas Mahayana.

p. 18 A citação zen sobre ser livre e verdadeiro foi extraída da seção 14 do "The Record of Linji", a impressionante coletânea de discursos do mestre zen Linji e de histórias da sua vida. Linji (que também se escreve Lin-chi) e Dogen são os meus escritores zen favoritos, por razões totalmente distintas. Linji não se faz de rogado; ele afirma com sinceridade que não tem nada a ensinar. Você vai adorar.

p. 18 A citação de Catherine D. pode ser encontrada em http://TeenInk.com/Past/2002/May/WhatMatters/Headlines.html em seu artigo intitulado "Headlines".

primeira parte

p. 21 O epigrama sobre Buda, dharma e o caminho foi retirado da seção 20 de "The Record of Linji". Ele procurou ser o mais claro possível.

p. 34 A exclamação de Buda sobre o despertar corresponde ao verso 154 do Dhammapada. Se você nunca leu um texto budista, sugiro que comece com o Dhammapada. É indispensável.

p. 37 O primeiro epigrama de "O que é o budismo?" foi retirado de "Genjo Koan", de Dogen.

p. 37 O segundo epigrama foi retirado da seção 11 da Perfeição da Sabedoria em 18.000 linhas, um antigo e fundamental sutra Mahayana.

p. 38 A citação "não façam prisioneiros" é de Udanavarga, antigo sutta Theravada, seção 1.22.

p. 39 A citação sobre a deterioração de todos os elementos é de Digha Nikaya, seção 16.6. Nele encontramos as últimas palavras de Buda: "Todos os elementos se deterioram. Esforce-se com atenção."

p. 42 O diálogo entre Alice e Tweedledum naturalmente não pertence a um texto budista; foi extraído do livro *Through the Looking-Glass* [*Alice Através do Espelho*], de Lewis Carrol. Mas talvez pudéssemos considerar esse um texto budista, só que não foi *escrito* por um budista. Qualquer um que questione o significado do eu e do mundo pode aprender com Lewis Carrol.

p. 44 O mirabolante conjunto de perguntas sobre a existência foi retirado do sutta número dois do Majjhima Nikaya, outra grande coletânea de suttas do Cânone Páli.

p. 51 A descrição que Buda faz do caminho foi tirada do Samyutta Nikaya, seção LVI.11. Samyutta Nikaya é outra excelente coletânea de suttas do Cânone Páli.

segunda parte

p. 55 O epigrama foi extraído do "The Record of Layman Pang", um leigo Chan chinês (o mesmo que zen em japonês) que, apesar de ter permanecido no mundo cotidiano, era tão desperto quanto qualquer mestre zen.

p. 57 A citação sobre os jovens e os pais foi retirada do Digha Nikaya, seção 31, o Sigalovada Sutta, um texto que algumas vezes é chamado de guia budista sobre ética para chefes-de-família — todos aqueles que não são monges ou monjas.

p. 70 A citação de Nichiren sobre os pais que se preocupam com o filho doente foi tirada do curto ensaio "Winter Always Turns to Spring". Nichiren era um radical, um monge japonês profético e impetuoso, mas que conhecia a natureza humana.

p. 74 Essa citação impressionante sobre a matança foi extraída de "The Record of Linji", seção 19. As palavras de Linji aterrorizaram os que não são zen-budistas durante mil anos. Mas você entende.

p. 76 A citação sobre o mestre foi retirada do Wumenguan, caso 12. Esse caso (ou capítulo) 12 de Wumenguan (*The Gateless Gate*). Essa é uma das mais importantes coletâneas de histórias zen. Tem várias traduções. Bastante atual!

p. 78 Essa frase sobre o machado na boca foi extraída do Sutta Nipata, verso 657. Sutta Nipata é uma das mais antigas coletâneas de ensinamentos de Buda, e, portanto, provavelmente, uma das mais ponderadas sobre os verdadeiros ensinamentos de Buda.

p. 79 O texto sobre quando se deve falar não é bem uma citação, mas uma paráfrase do sutta 58 do Majjhima Nikaya.

p. 82 A citação a respeito de andar em boa ou má companhia foi tirada do Itivuttaka, verso 76. Essa coletânea também é uma das mais antigas no Cânone Páli.

p. 86 A citação de Dogen sobre a chatice foi retirada do "Gakudo Yohin-shu" ("Diretrizes para o Estudo do Caminho"), um grande ensaio sobre como se orientar na prática zen sincera.

p. 89 Essa citação arrebatada sobre ir ao banheiro, comer e dormir foi extraída da seção 13 do "The Record of Linji", desse bom e velho irascível mestre zen.

p. 96 A citação sobre o corpo puro e limpo foi retirada da seção 19 do "The Record of Linji". Aposto que você sabe que eu a considero excelente.

p. 97 O *gatha* (verso) sobre mingau é a versão cantada pelo Diamond Sangha, um grupo zen-budista com centros espalhados por todo o mundo.

p. 98 A citação do mestre zen japonês Bankei sobre comer e dormir foi retirada de uma história sobre ele. Muitos dos grandes ditos da tradição zen são transmitidos por intermédio de histórias.

p. 99 A citação de Linji sobre o corpo de Buda foi extraída da seção 19 de "The Record of Linji". De onde mais poderia ter sido extraída?

p. 99 A citação sobre a atenção ou vigilância foi retirada do Dhammapada, verso 21.

p. 101 O diálogo entre Alice e a lagarta foi extraído do livro *Alice no País das Maravilhas* de Lewis Carrol, outro texto budista escrito por um grande não-budista.

p. 103 Como se você já não soubesse, o verso sobre a mente que abre o Dhammapada foi extraído do Dhammapada, verso um!

p. 104 Essa citação sobre sexo e paixão foi extraída do Hevajra Tantra, seção 1.9. Esse texto tibetano ensina a usar o desejo para vencer o desejo. Uma prática formidável, porém difícil e perigosa, que você *não* deve tentar fazer, e talvez nem mesmo entender, sozinho.

p. 105 A citação que fala sobre deixar para trás o prazer e a dor foi retirada do Dhammapada, verso 418.

p. 105 A citação que afirma o oposto de agradar os sentidos, foi extraída da seção 24 do "Dohakosha" de Saraha, um lendário líder tântrico tibetano. Agrade os sentidos, sim, mas apenas quando estiver trilhando, simultaneamente, um caminho moral.

p.115 A citação a respeito de outros seres serem a sua mãe é de Samyutta Nikaya, seção XV.14. Outras fontes budistas reproduzem essa idéia. Um pensamento adorável, não acha?

p. 117 As perguntas do mestre Tushuai Yue são de Wumenguan, caso 47. Essas perguntas são difíceis, e só você pode respondê-las.

p. 118 A citação sobre os bons amigos significarem tudo para a vida espiritual foi retirada de Samyutta Nikaya, seção XLV.2.

p. 118 A citação que diz que os amigos devem intervir quando necessário é de Jatakamala, seção 20.23. Jatakamala é uma rica coletânea de histórias do bodhisattva em suas vidas anteriores, antes de se tornar Buda. Ele é o herói, é claro, mas nem sempre um personagem religioso.

p. 118 A citação sobre fazer a jornada solitária é do Dhammapada, verso 61. Todas essas citações não lhe dão vontade de ler o Dhammapada?

p. 124 A citação sobre os peixes (nós) que se debatem na água é do Sutta Nipata, verso 777.

p. 125 A citação sobre a verdade *aqui agora* foi retirada de uma carta escrita pelo grande mestre zen chinês Dahui para Liu Yanzhong. A propósito, Dahui se dirigia também a *você*, e não apenas a Liu.

p. 131 A citação sobre a verdadeira oferenda do mestre zen chinês Wuzu Fayan foi extraída de "The Record of Fayan", uma coletânea das suas palavras, assim como "The Record of Linji" é uma coletânea das palavras de Linji.

p. 132 A citação sobre pensar por si mesmo é de Anguttara Nikaya, seção III.65. As pessoas sempre mencionam essa passagem porque ela expressa uma liberdade maravilhosa do budismo, uma liberdade que pode ser encontrada em todas as religiões: a liberdade de pensamento.

terceira parte

p. 135 O epigrama, "Os Quatro Grandes Juramentos Mahayana" é recitado todos os dias por milhões de budistas em todo o mundo. Ele expressa o grande desejo de realizar o dharma nesta vida, junto com todos os outros seres vivos.

p. 141 A citação zen sobre a mente comum pode ter sido dita originalmente pelo mestre zen Mazu. Procure-a no Wumenguan, caso 30.

p. 144 A citação de Samyutta Nikaya está na seção XLV.27.

p. 147 O poema de Shiwu foi extraído da sua coletânea: "Mountain Poems". Shiwu incorporou a tradição poética chinesa zen de viver como um recluso, fechado para a natureza. Se você gosta desse poema, leia mais. Veja também os poemas de Hanshan, outro ermitão zen.

p. 152 A citação sobre o significado da meditação foi retirada do Sutra da Plataforma, um texto zen falsamente atribuído a Huineng, grande mestre da antiga tradição zen chinesa. Trata-se de um clássico zen, não importa quem tenha sido o seu autor.

p. 159 A longa citação de Yuanwu, que fala sobre ser comum e vazio, foi extraída da sua coletânea "Essentials of Mind". Yuanwu é mais conhecido pela sua obra Blue Cliff Record, outra coletânea das principais histórias zen.

p. 163 A citação do maravilhoso "Bodhisattvacharyavatara", de Shantideva, foi retirada do capítulo seis, verso 38. Todos nós podemos aprender muito com esse texto, escrito para nós que vivemos no mundo, que lidamos com a raiva e a compaixão, com o amor e o ódio.

p. 166 A citação a respeito das práticas fundamentais foi extraída de "Dakini Teachings" do mestre tibetano Padmasambhava. Foi Padmasambhava quem introduziu todas as formas de budismo no Tibete, sendo quase tão reverenciado quanto o próprio Buda nessa região.

p. 181 A citação sobre a mente é do Sutta Nipata, verso 1.39.

p. 184 A citação de Xuansha sobre o registro do caminho foi extraída de "The Record of Xuansha". O que você está ouvindo agora?

muitos caminhos, outras explorações

p. 187 O epigrama sobre aonde ir depois de descer da viga de trinta metros de altura é de Wumenguan, caso 46. Não veja onde você pisa, veja o mundo.